新装版
社会的学習理論の新展開

編　集
祐宗省三・原野広太郎
柏木惠子・春木　豊

Bandura in Japan

金子書房

序　文

最近の数年間に、社会的学習の分野では、その理論と研究に、大幅な発展がみられた。社会的学習理論の見地からみるならば、人間は目的的で、自己管理的で、自己反省的であるといえる。また環境の産物であると同時に環境を作り出す存在でもある。この相互的因果関係の概念によるならば、人間の行動、思考と情動、それに環境の三者は、相互に関係し合う決定要因として働くといえる。この相互決定の過程の中に、自己管理の限界や自分の運命に影響を及ぼす機会が潜んでいるのである。

この本の各章には、社会的学習理論が発展してきたいくつかの方向が示されている。この分野の研究は人間行動の幾多の側面を明らかにしてきた。しかし、まだ多くの仕事が残されている。この本は社会的学習の要因や機構について、さらなる洞察を与えるべく、刺激的な探求を内容としたものであると確信している。

日本における、社会的学習理論に示された積極的な関心は、祐宗省三教授、原野広太郎教授、春木豊教授らのご努力に多くを負っている。諸氏は社会的学習理論に関する知識を広め、また社会的学習過程の分析に、異文化間に共通な展望を与えた。この点について、深く感謝申し上げる。

この機会を通じて、この序文で私的なことではあるが、付け加えさせていただきたい。日本における一連のセミナーで、私は人間行動の理解を深めるために、日本の研究者たちが行っているさまざまな研究について知ることができた。このような時機を得た知識とアイデアの交換は科学の進歩を促進するものである。この旅行の間、私と妻は各地で歴史的に興味深い場所を訪れることができ、また数々の新しい友情を結ぶことができた。各地になじみになったが、それ以上に友情は新たで貴重なものである。日本の多数の仲間たちが示してくれた、暖かくて親切なおもてなしに対して、心から感謝申し上げたい。

スタンフォード大学

アルバート・バンデューラ

まえがき

一九五〇年代には、まさにネズミの学習実験が心理学の表通りを堂々闊歩していた。時々、単なるネズミの実験からいやしくも人間の心理がわかろうはずがない、などと陰口をたたかれもしたが、独立変数——仲介変数——従属変数の枠組みによる実験主義を盛り込んだ心理学研究、特に学習研究の大きな歯車は、当時多くの心理学徒の共鳴を得て、習慣とか動因とか般化といった諸現象をひっさげて、着実に前へ前へと回っていた。

編者たちが心理学という通りを歩き始めたのは、およそ一九五〇年代の前半であったから、概して私共は、出合いがしらに新行動主義の洗礼を受けたといってもよかろう。

そのころ、だれしもがむさぼり読んだ学習に関する本の筆頭格は、ハルの『行動の原理』であろう。さらに忘れがたいのは、一九四一年に出版されたハルの高弟ニール・E・ミラーとジョン・ドラードの共著『社会的学習と模倣』である。行動の場理論を唱えたゲシタルト心理学者のクルト・レヴィンは、アメリカに渡った後、ほぼ時を同じくしてグループ・ダイナミックスの研究を始動させ、「個人」と「社会」をつなごうとしたことは、彼の偉大な先見の明であった。ネズミと子どもを被験者としたミラーとドラードの先の実験的研究もまた、人や動物がどのように他者との関係を学習するかを十分にわれわれに納得させてくれた最初の労作である。

一九六〇年代に入り、人の行動がやはり社会とのかかわりで生起することを子どもの実験的研究を通してわれわれに知らせてくれたのは、アルバート・バンデューラである。彼は、パーソナリティ研究の側面から、攻撃的行動がモデリングによって習得されることを実験的に明示したのであって、ミラーとドラードが社会的学習の機制とそれによる模倣の学習性を明らかにしたのに対し、バンデューラは社会的学習による攻撃的行動を扱ったのであった。いずれにせよ、その後、個人と社会とのかかわりが重要視され、一九六〇年代から七〇年代にかけて蓄積された多くの実験的研究から、社会的学習の知見は着実に豊富になってきた。

一九七〇年以後の心理学通りの大きな変化の一つは、多分に認知的色合いが濃くなってきたことである。社会的学習の分野もその例外ではない。社会的学習研究の黎明期を創ったミラーは、高齢のいま、この領域とは研究上一線を画してなお研究に余念がないが、バンデューラは、一貫して社会的学習の研究に没頭している。いってみれば、ミラーは社会的学習という大通りを作ったが、それは未舗装であった。バンデューラは、いままさに、それを舗装しつつあるといっても過言ではない。つまり彼は、人と社会（環境）とのかかわりにおける「自己」の果たす大きな役割を強調している。この意味で多分に認知的かつ臨床的ともいえる舗装である。人と社会（環境）との相互決定主義の究明は、いまや現代ならびに次代における心理学の大きな課題であることは間違いない。これは単に学習心理学とか人格・臨床心理学とか社会心理学といった単一の分野だけで片づく問題ではない。いまや発想の転換を必要とするほどのやりがいのある課題である。

幸いにも一九八二年にバンデューラ博士を招いて研究の集いを各地で催すことができたが、これを機会に、バンデューラ理論の概説と最近のバンデューラ理論を紹介し、さらに本邦の最近の諸研究の概観をまとめたものが本書である。全国に散らばる私共は、可能なかぎり、一書としての内容と体裁の一貫性を保つよう心掛けたつもりである。しかし原稿を集めて以来、編集までかなりの月日が経過したため、日進月歩のこの領域の研究を思うと不備な点も少なくないかと思う。諸賢のご叱正とご指導を切に願うものである。最後に、本書の執筆者各位に謝意を表したい。

一九八五年五月五日

編者　祐宗省三
原野広太郎
柏木恵子
春木　豊

目次

●社会的学習理論の新展開

第Ⅱ部　最近のバンデューラ理論

第III部 日本における社会的学習理論の研究

第Ⅰ部　バンデューラ理論の概説

1 社会的学習理論の歴史

(1) 社会的学習の意味

社会的学習ということばは、現在ではきわめて多義的に用いられている。それは、一つにはバンデューラがさまざまな問題についての理論的説明の際に、「社会的学習理論では」ということばを用いているためかもしれない。社会的学習という用語は、ミラーとドラード[14]、ロッター[15]およびバンデューラ[1]によって、独自に、それぞれ異なる意味で用いられてきた。

ミラーらは、人間における模倣の現象が、ハルの動因低減理論によって説明できることを実験的に示し、模倣は社会的学習であると述べた。ロッターは、人間の行動は目標に対する期待によって決定されるとし、その期待は、社会的状況の下で学習されるという社会的学習理論を提唱した。彼の理論は、期待を測定する尺度[16]が構成されて以来、多くの研究者によって検討されている[13]。

バンデューラが、これらの考えを考慮しながら社会的学習ということばを用いたことはいうまでもない[11]。

ミラーらの場合は、模倣という社会的行動を扱ってはいるが、それがいかにして学習されるかの説明には、動因低減説という従来の学習理論を用いている。バンデューラは、彼らの実験のやり方を不満とし、人間における模倣現象は、ネズミの場合よりも、もっと抽象性の高いものであると考えた。そこで、無試行、無報酬で学習が成立するという観察学習の考え方を示したのである[2]。一方、ロッターの理論について、彼は、行動の予測には適切であるが、社会的行動に関する理論ではないとしている[11]。ただ、この批判は、後に彼が主張したセルフ・エフィカシーに関する説明[7]などからすると、必ずしも的を得ているとは思われない。

このようにみてくると、当初バンデューラが用いた社会的学習ということばには、二つの意味が含まれていることが推察されよう。一つは、学習の様式が社会的であるということである。すなわち、それは他人を介しての学習を意味している。もう一つは、学習の内容が社会的であるということである。言い換えれば、それは社会的行動を扱ったものということができる。しかし、冒頭に述べたように、最近では、バンデューラは社会的学習理論ということばを、より広い意味に用いている。それは、現在では、「人間の行動を包括的に説明するための理論」という意味で用いられているように思われる。

(2)　バンデューラ以前の模倣理論

社会的学習研究の中心となるのは、模倣の現象である。この現象について、バンデューラは従来の模倣に関するいくつかの説を吟味し、その中で、ミラーとドラードの学習理論による説明を最も重視した。ミラーらは、ネズミと子どもを用いて、弁別学習に関する十の実験を行っている。

たとえば、子どもを用いた実験について述べてみよう。部屋の両隅に、見かけ上同じ箱を置き、そのうち一方にお菓子を入れておく。モデルとなる子どもは、あらかじめお菓子が入った箱を教えられていて、部屋に入るとその箱を開けてお菓子を取るように訓練されている。被験者は、このようなモデルを見ていて、その後で、どちらかの箱を選ぶように言われる。このような課題では、子どもは、ほんの二、三回で、間違わずにいつもモデルと同じ箱を選ぶようになる。

この実験を、動因、手がかり、反応、および報酬によって学習が成立するというハルの動因低減説にあてはめると次のようになろう。被験者の動因は食欲、手がかりはモデルの反応、反応はモデルと同一の反応をすること、報酬はお菓子である。この実験では、単にモデルと同一の反応をすること、すなわち、模倣することを学習したにすぎない。モデルが何によって報酬のある箱を見分けているかは知らされていない。

バンデューラは、このような実験では、人間の模倣現象を十分に説明することはできないと考えた。なぜなら、人間の場合、普通、モデルの反応を見ていて、モデルがどんな方法で反応するのかを学習する。そうすることによって、モデルがいなくても、モデルと同様の行動、すなわち模倣行動をすることができるからである。このような、いわば模倣による新しい反応の学習をバンデューラは観察学習と呼び、ミラーらとは異なる原理によってこれを説明しようとしたのである。

(3)　バンデューラと社会的学習理論の発展

(1)　バンデューラについて

この稿を書くにあたって、筆者は、バンデューラに社会的学習理論の歴史を書いたものがあれば送ってほしいと依頼した。しかし、彼からの返事では、そのことについて何かありそうな気がしたので調べてみたが、歴史的発展を書いたものは、実はなかった、とのことであった。彼の理論は、実験結果の集積とともに、少しずつ変貌しており、その時々で強調する点が異なっている。あるときは、観察学習の下位過程について述べ、あるときはセルフ・エフィカシーについて述べ、あるときは相互決定主義について力説している。

それは必ずしも理論に一貫性がないということではなく、人間の行動に関するきわめて包括的な理論を目ざしているために、一つの問題について論じる際の強調点が異なっているためとみることができる。

次に、バンデューラがどのような経緯で社会的学習理論を確立してきたかをみることにしよう。彼は一九八〇年にアメリカ心理学会から、優れた科学的功績に対して贈られるAwards for Distinguished Scientific Contributionsを受賞している。この機会にアメリカンサイコロジスト誌（一九八一年三六巻一号）に紹介された彼の経歴を参考にして、スタンフォード大学で職を得るまでの彼の生い立ちについて簡単に触れておこう。

バンデューラは、一九二五年にカナダ、アルバータ州北部の寒村に生まれた。小・中学校時代は、町に一つしかない小さな学校で過ごしたとのことである。厳しい地理的環境の下で、彼は努力することや積極的に生きることを学んだのかもしれない。大学に入る前に、ホワイトホースの近くでひと夏を過ごしたとき、彼は、世の中から見捨てられた多くの人たちと接する機会があり、日常生活の精神病理に強い関心を抱くようになった。やがて、温和で、知的に刺激される雰囲気を求めて、彼はブリティッシュ・コロンビア大学に入学した。そこで三年間心理学を学び、卒業と同時にアイオワ大学に進学した。当時、彼はＫ・スペンスの著書を読んでいて、その影響が強かったようである。アイオワ大学の心理学研究室は、その当時、非常に活気に満ちた場所であり、学習の基礎的問題が熱心に議論され、対立的理論が一つずつ厳密に検討されつつあった。そこには、エール大学との交流もあり、Ｎ・Ｅ・ミラーの研究についてもかなりの関心が持たれていた。

そこでバンデューラは、Ａ・ベントンの指導を受け、一九五二年に学位を取得している。ちなみに、彼の最初の論文は、ベントンとの共著で、被暗示性に関するものである[12]。その後、ウィチタ・ガイダンスセンターで学位取得後のインターンとなり、臨床的活動に従事している。一九五〇年代に彼が発表した論文をみると、ロールシャッハや心理療法、非行などの臨床領域の研究ばかりである。インターンを終えると、彼はスタンフォード大学の講師として採用された。この大学に来てからは、彼は一度も転任しておらず、一九六四年に三十九歳で同大学の正教授となり、現在に至っている。

(2) 観察学習の解明

バンデューラが、スタンフォード大学の心理学研究室の一員となったとき、そこでは、R・シアーズが、社会的行動と同一視の先行条件に関する研究を行っていた。この研究に刺激されて、彼は、彼の最初の学生であったR・ウォルターズとともに、攻撃性の社会的学習に関する実地研究を行っている。この研究によって、彼は人間の行動における観察学習（モデリング）の役割の重要性を痛感したようである。そこで彼は、さらに一連の実験的研究に着手することとなった。攻撃的行動は、それまで、欲求不満によって引き起こされるものと考えられていたが、バンデューラらは、モデルの攻撃的行動を観察させるだけで、子どもの攻撃的行動を誘発することができることを実証したのである[10]。

これらの実験的研究の成果を踏まえて、バンデューラとウォルターズは、『社会的学習とパーソナリティの発達』[11]という本を書いた。この本は、バンデューラが主張する社会的学習理論の原点を知るうえで、最も重要なものといえよう。

そこでは、明確に解釈学的な精神力学の考え方は否定されている。人間の社会的行動の習得と変容を説明し得る新たな原理を探求するために、彼らは、「社会・行動主義的アプローチ」ということばを用いている。彼らが目ざしたものは、実験心理学的手法を用いて、日常生活における社会的行動を規定するさまざまな要因を一つ一つ明らかにしていくことであった。動物心理学の延長線上にあり、主に一対一の場面での実験に基づいて確立された従来の学習理論からは、何とか脱皮したいという意気込みが感じられる。

バンデューラは、観察学習を中心に据えて、社会的学習理論を提唱した。人間が他の動物に比べて著しく異なる点は、観察学習の能力だと考えたからである。彼は、従来、模倣、同一視などと呼ばれてきた現象を一括して、観察学習またはモデリングという用語で統一的に理解しようとした。観察学習ということばとモデリングということばを、彼はほぼ同じ意味で用いている。

一九六〇年代に、彼とその共同研究者によって行われた多くの研究は、観察学習の理論の確立とその拡大を目ざしたものであった。彼は、まず、観察学習には三つの効果があることを主張した。すなわち、観察学習（モデリング）効果、制止・脱制止効果、および反応促進効果である。これらのうち、観察学習効果というのは、観察者がモデルの行動を観察することによって、今までの自分の行動レパートリーの中になかった新しい行動様式を習得することであり、特に重視された。

また、モデルへの強化、すなわち代理的報酬と代理的罰の効果を比較した実験を行い、観察学習では、習得と遂行を区別すべきであるという考えを提出した[(3)]。なぜなら、代理的罰を受けるモデルを観察していた子どもたちは、自発的にはモデルと同じ攻撃的行動をしようとはしなかったが、後でモデルがしたことをするように促されると、ちゃんとできたからである。これは、後でしかられるようなことは、できてもしないということであり、観察学習によって習得はしているが遂行はしないということを意味している。

それでは、観察学習は、いったいどのようにして成立するのか、すなわち、観察学習における習得とは何かという問題が浮かび上がってくる。この問題について、彼は、観察学習はモデルの行動を見るだけで成立するとし、接近・媒介説を主張している。また、その媒介過程は、言語的および映像的な表象によって成り立つと考えている(4)。

たとえば、人気歌手は、歌をうたいながら、さまざまな動作をするのが常であるが、子どもたちは、それを見た後で、ああして、こうしてと言いながら（言語的表象）模倣してみせる。あるいは、何も言わなくても頭の中のイメージを手がかりにして（映像的表象）再生する。

観察学習の本質が明らかにされてくると、彼はその考えをさまざまな社会的行動に適用した。子どもの道徳判断や自己統制、恐怖反応の除去、概念学習、文法学習などで、モデリングの影響を検討している。たとえば、彼によれば、子どもの道徳判断は、J・ピアジェが言うように段階説のみで説明できるものではない。結果論的判断を示すモデルを見ていた子どもは結果論的となり、動機論的判断をするモデルを見ていた子どもは動機論的となる(9)。テレビの主人公が示す価値観が、やがて子どもの考え方に浸透していくことを示唆しているといえよう。

一九六〇年代に蓄積された多くの実証的研究に基づいて、彼は『行動変容の原理』を書いた(4)。この本は、それまでの彼の考え方を集大成し、観察学習の理論を臨床的領域に応用した大著である。ここでは、新たに、観察学習の四つの下位過程が示された。これは、観察学習の習得から保持、再生までの過程を、一つ一つ要因分析的に検討していくための理論的枠組みを示したものといえる。また、ここですでに、彼が後に強調する相互決定主義の考え方の萌芽がみられることも注目すべきであろう。

(3)　認知過程への傾斜

観察学習の研究が進むにつれて、バンデューラは、人間の学習における認知的機能の役割を重視するようになった。一九七〇年代に入ると、彼の関心は次第に自己制御の問題に向けられていく。ここでは、行動の決定因として、認知的媒介の役割が最も重視されている。

一九七一年に、彼は『社会的学習理論』[5]（邦訳『人間行動の形成と自己制御』）という本を書いた。この本によって、彼の理論の全体的枠組みを知ることができる。彼は、人間の行動がいかにして習得されるかに関して最初の二章を割り当て、直接学習と観察学習について論じている。次に、行動の制御過程を説明するために三つの章を割り当て、刺激制御、強化制御、および認知的制御を取り上げている。これら三つの制御過程は、互いに影響し合っており、相互依存的に機能するものとみなされている。

これらについて、少し例を挙げて説明してみよう。まず、人の行動は常に、その人がどういう場面に置かれているかによって異なるものである。一人でいるときと大勢でいるときの振る舞い方は違うし、親しい人といるときと嫌な人といるときの振る舞い方も違う（刺激制御）。次に、人と話していて、相手が不愉快になるようならば、その人とはだんだん話さなくなるし、相手が喜ぶようならもっと話をしようとするだろう（強化制御）。さらに、いつもは互いに楽しく話をする人が、いつもと違う様子を示したならば、何かあったのかと詮索し（認知的制御）、場合によっては、何食わぬ顔でいつものように振る舞い、場合によっては遠慮することになるであろう。

刺激制御も強化制御も、共に本来は外的環境要因なのであるが、人間の場合、それらをどう受け止めるかということ（認知過程）が、実際の行動に影響しているといえる。たとえば、恐怖症の人は、不適切な刺激制御を受けている。他の人には怖くないものを怖がるからである。これは、明らかに認知過程の歪みを反映しているといえよう。

バンデューラは、これら三つの制御過程を支配しているものは何かをさらに探究していった。そして、結局、自己認知の問題だと考えるようになったのである。

一九七七年に、再び彼は『社会的学習理論』[6]（邦訳同名）という本を書いているが、この本では、前著よりさらに認知過程が重視されている。たとえば、前著の刺激制御に相当する三章では、修正学習という節が設けられ、自己効力（セルフ・エフィカシー）の問題が論じられている。これは自己認知を反映し、その人がものごとをどれぐらいできると思っているかを示すものである。臨床的な行動変容の立場からすれば、自己効力はきわめて重要な概念である。なぜなら、やればできるという可能性への予期を、現実的目標に沿って、少しずつ高めていくことが、実際の行動の可能性を高めることにつながるからである[8]。

(4)　相互決定主義の強調

先に触れたように、バンデューラの考えの中には、比較的早くから相互決定主義の考え方はあったように思われる。これは、心理学的研究に取り組む彼の基本的姿勢について述べたものといえるかもしれない。今回、日本心理学会第四十六回大会で講演した際に、この点を強調したのはもっともなことと思われる。

従来の行動主義的研究は、行動を常に依存変数としてとらえ、環境的要因がいかに行動に影響するかをみてきたものである。一歩進めて、人の認知的要因を媒介変数として認めた場合にも、環境的要因と認知的要因の相乗効果が、どのように人間の行動を規定しているかをみているのである。

しかし、実際の人間の行動は、一方的に環境の影響を受けているのではない。

たとえば、こちらが好意を持っている相手に対しては親切に振る舞い、その結果、相手も次第にこちらに親切に振る舞うようになる。一方、嫌な人には全く別な振る舞い方をする。そうすると相手もそれに対応した振る舞い方をするようになるであろう。この例をよく考えてみよう。こちらの振る舞い方次第で、相手はある程度変わる。しかし、こちらの振る舞い方ばかりで相手が変わるわけではない。相手もまた、主体的にこちらを変える要素を持っているのである。その際、相手の振る舞い方に対して、こちらがどう受け止めるかという認知的要因もからんでいることはいうまでもない。

このような関係をより適切に理解するために、バンデューラは、行動、環境、および認知を分離した。そして、三者が互いに他に影響するという三者相互決定主義を唱えたのである。ある意味では、この考え方は、われわれの日常生活におけるきわめて常識的な現象を述べたものといえる。従来の行動主義の考え方が、あまりにも環境からの一方的影響を重視しすぎているのに対し、彼は人間の主体性を強調しているとみることができよう。

〔引用文献〕

(1) Bandura, A. 1962 Social learning through imitation. In M. R. Jones (Ed.), *Nebraska Symposium on Motivation.* Lincoln: Univer. of Nebraska Press, pp. 211-269.

(2) Bandura, A. 1965a Vicarious processes: A case of no-trial learning. In L. Berkowitz (Ed.), *Advances in Experimental Social Psychology.* Vol. II. New York: Academic Press, pp. 1-55.

(3) Bandura, A. 1965b Influence of models' reinforcement contingencies on the acquisition of imitative responses. *Journal of Personality and Social Psychology,* 1, 589-595.

(4) Bandura, A. 1969 *Principles of Behavior Modification.* New York: Holt, Rinehart & Winston.

(5) Bandura, A. 1971 *Social Learning Theory.* Morristown, N. J.: General Learning Press.（原野広太郎・福島脩美訳　一九七四　人間行動の形成と自己制御―新しい社会的学習理論―　金子書房）

(6) Bandura, A. 1977 *Social Learning Theory.* Englewood Cliffs, N. J.: Prentice-Hall.（原野広太郎監訳　一九七九　社会的学習理論―人間理解と教育の基礎―　金子書房）

(7) Bandura, A. 1977 Self-efficacy: Toward a unifying theory of behavioral change. *Psychological Review,* 84, 191-215.

(8) Bandura, A., Adams, N. E., & Beyer, J. 1977 Cognitive processes mediating behavioral change. *Journal of Personality and Social Psychology,* 35, 125-139.

(9) Bandura, A., & McDonald, F. J. 1963 The influence of social reinforcement and the behavior of models in shaping children's moral judgments. *Journal of Abnormal and Social Psychology*, 67, 274-281.

(10) Bandura, A., Ross, D., & Ross, S. A. 1961 Transmission of aggression through imitation of aggressive models. *Journal of Abnormal and Social Psychology*, 63, 575-582.

(11) Bandura, A., & Walters, R. H. 1963 *Social Learning and Personality Development*. New York: Holt, Rinehart & Winston.

(12) Benton, A. L., & Bandura, A. 1953 "Primary" and "secondary" suggestibility. *Journal of Abnormal and Social Psychology*, 43, 336-340.

(13) 樋口一辰・清水直治・鎌原雅彦 一九八〇 Locus of Controlに関する文献的研究 東京工業大学 人文論叢 五、九五—一三二

(14) Miller, N. E., & Dollard, J. 1941 Social *Learning and Imitation*. New York: Yale University Press.(山内光哉・祐宗省三・細田和雅訳 一九五六 社会的学習と模倣 理想社)

(15) Rotter, J. B. 1954 *Social Learning and Clinical Psychology*. Englewood Cliffs, N. J.: Prentice-Hall.

(16) Rotter, J. B. 1966 Generalized expectancies for internal vs. external control of reinforcement. *Psychological Monographs*, 80 (Whole No. 609), pp. 1-28.

2 モデリングの理論

百聞は一見にしかずという諺にもあるように、本で読んだり、人から聞いて知っている場合よりも、実際に見て知っている場合のほうが、ものごとの理解度ははるかに高い。最近では、テレビが普及しているため、さまざまな情報が、たやすく伝達されるようになっている。服装や流行語は言うに及ばず、子どもの遊びから犯罪の手口に至るまで、テレビを通してまたたくうちに全国に広まってしまう。このような現象は、古典的条件づけやオペラント条件づけの理論だけでは十分説明することができないであろう。人間は、見ることによって理解する能力が、非常に優れているといえる。バンデューラが提唱した観察学習またはモデリングの理論は、このような見ることによる学習に焦点を当てたものである。

(1) モデリング過程の分析

バンデューラは四つの下位過程を設定し、それぞれの過程について詳しく検討している。すなわち、注意過程、保持過程、運動再生過程、および動機づけ過程である。これらの過程は、記憶の過程が記銘、保持、および再生の三つ

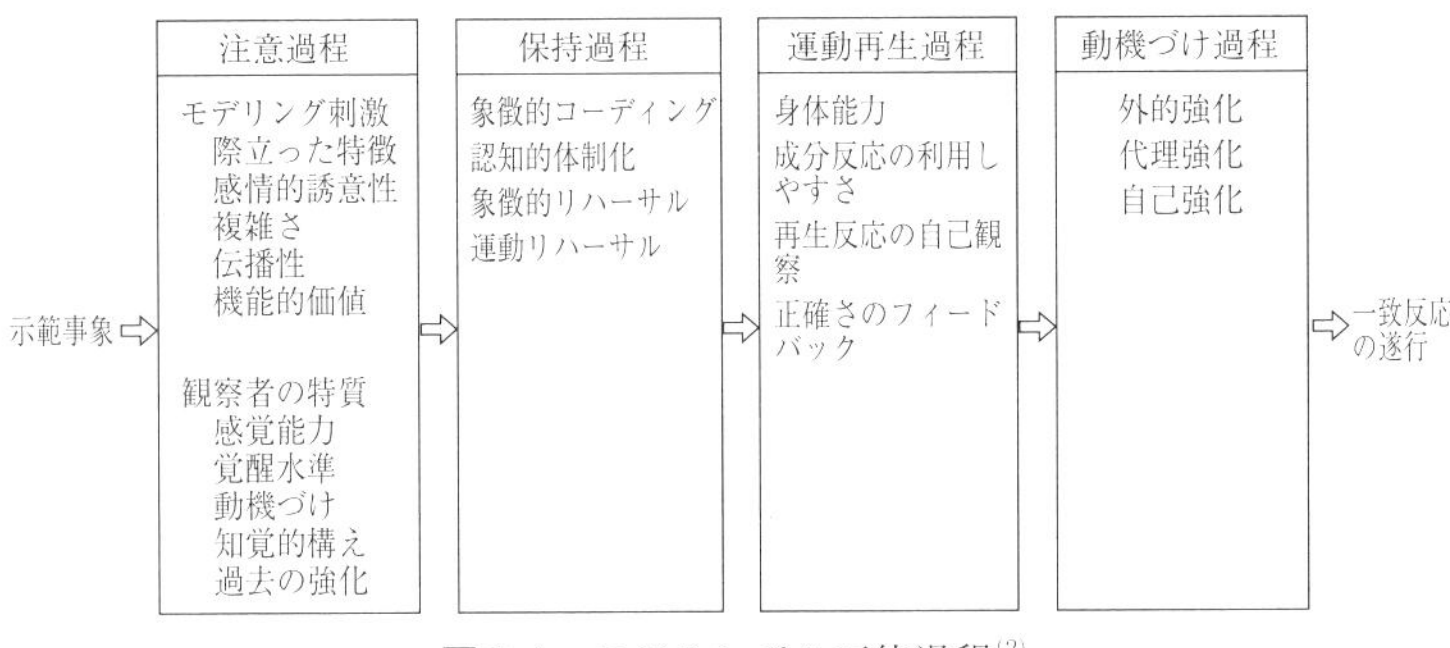

図I-1　モデリングの下位過程[2]

の段階に分けて検討されてきたのと似ている。両者を対応させてみると、注意過程は記銘時の条件を問題にしたものであり、保持過程は記憶の保持に対応している。運動再生過程と動機づけ過程は、再生時の条件を問題にしたものといえる。図I-1は、それぞれの過程で取り上げられるべき要因について、バンデューラがまとめたものである[2]。

(1) 注意過程

モデリングの第一段階は注意過程である。ここではまず、観察者が日ごろ、どのようなモデルと接する機会が多いのかによって、モデリングが生じる範囲が限定されることを指摘しておかねばならない。好むと好まざるとにかかわらず、一般的には、より多く接している人からより多くの行動をモデリングすると考えられる。

次に、モデルとなる人やモデルの行動の特徴が問題となる。モデリング刺激のすべてが観察者の注意をひくとはかぎらない。観察者が、モデリング刺激に注意していなければ、モデリングは成立しない。したがって、何が観察者の注意をひきやすいかを知ることが重要である。モデリング刺激の目立ちやすさ、弁別しやすさ、複雑さなどが注意過程に影響する。観察者に、複雑なモデルの行動のうちで、モデリングに必要な本質的部分に注意させるためには、教示を与えたり、代理強化を用いて注意を喚起する必要があるかもしれない。代理強化を与えると、観察者はモデルの行動を注視する回数が多くなり、モデリングの成績も良くなるという報告がある[12]。

次に、観察者の側の要因も注意過程に影響すると考えられる。観察者の認知能力や覚醒水準は、観察者がどの程度モデリング刺激に注意できるかということと関係する。認知能力の優れている者ほど、モデルの行動に注意深く、モデルからより多くの情報を引き出すことができよう。また、観察者の構えや過去の経験、強化歴などによって、どのようなモデルの行動が注意されやすいかは違ってくるといえる。このような注意過程を決定する諸条件については、まだ十分検討し尽くされているとはいえない[11]。

(2) 保持過程

モデルの行動に注意が向けられた後、それがいかにして観察者の行動レパートリーの中に組み込まれるのかという問題は、きわめて重要である。ミラーらの実験で示された模倣学習とは異なり、モデリングは、モデルの行動を見た後、適当な機会が来るまで保持されており、その機会が来たときには、モデルがいなくても遂行するという現象である。

バンデューラは、接近・媒介説を主張しており、モデリング刺激は、保持過程で、刺激接近によってすでに「習得」されていると考えている。この段階では、実際の観察者の遂行はまだなされていないが、習得がなされていたかどうかは、後で確かめることができるというのである[1]。それでは、どのような形でモデリング刺激が習得されるかについて、次に述べよう。

バンデューラによれば、モデリング刺激は、象徴的な形で記憶の中に保持される。観察者は、モデルの行動を、その本質的特徴をとらえた簡潔な象徴的表象に変形する。象徴化には二つの場合が考えられる。一つは映像的表象であり、もう一つは言語的表象である。すなわち、モデリング刺激は、イメージとして記憶の中に保持されることもあれば、要点をことばに直して保持されることもあるということである。保持過程で習得されたモデルの行動は、映像的なものであれ言語的なものであれ、ビデオテープに録画されたようなものではなく、もっと簡潔に短縮されたものであるといえる。このようにして保持された映像的または言語的表象は、後に行動を再生する段階での手がかりとなり、媒介的役割を果たすのである。

次に、このような考え方を支持するいくつかの実験的証拠について紹介しよう。

バンデューラら(3)は、六～八歳の子どもたちに、成人モデルのいろいろな行動を録画したフィルムを見せ、観察中の活動について、次のような三つの条件を設けて実験した。

言語化群――モデルが行っている行動のすべてを口に出して言う。

妨害活動群――観察中に数を数える。

受動的観察群――観察中に特別な活動をしない。

このようにして、四分間の観察を行わせた後、思い出せるすべてのモデルの行動を再生するよう求めた。モデルの行動は三十八種類あったが、観察者が、そのうちのどれかを正しく再生するたびにお菓子が与えられた。このような手続きは、観察中に習得しているものを最大限に出させるやり方であり、「習得」を調べているといえる。結果は、言語化群の成績が最も良く、次いで受動的観察群で、妨害活動群の成績は最も悪かった。これは、言語化という象徴化によって、モデリング刺激の習得が促進されたことを示唆している。

ガースト(7)は、言語的表象と映像的表象の相対的効果を比較している。聾唖者の指文字から選んだ複雑な手と指の動作を録画して、大学生に観察させた。観察中には、モデルが一つの運動反応を行うたびに、次の四つの条件のうちのいずれかで、象徴的活動を行わせた。

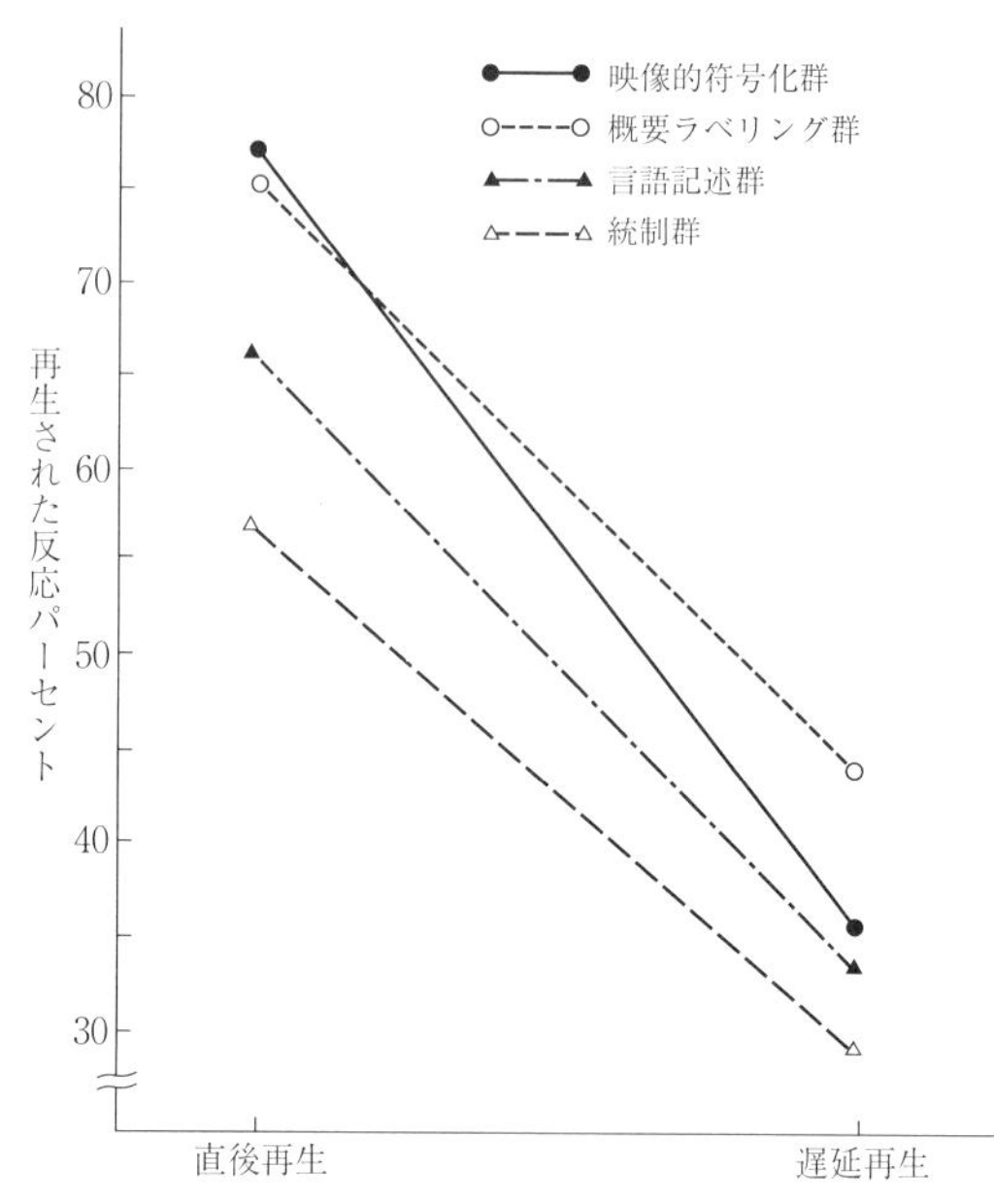

図Ⅰ-2　象徴化の関数としての示範反応の習得

(Gerst, 1971)

概要ラベリング群――モデルの反応の構成要素を覚えやすい形にまとめて概要ラベルを作る。

映像的符号化群――目を閉じて、見たことを鮮明なイメージに視覚化する。

言語記述群――モデルの反応の動きと位置をできるだけ具体的かつ正確に声に出して言う。

統制群――一分間実験者が指示したやり方で数を数える。

これらの活動の直後、および間に気散じ作業を挿入して、十五分後にモデリング反応の再生テストを行った。再生テストでは、どんな順序で再生してもよいこと、観察中に用いた活動を手がかりとして用いるべきことが教示された。

図Ⅰ－2は、二回の再生テストでの各群の平均正再生率を示したものである。この図で明らかなように、三つの象徴化の操作は、いずれも習得を促進している。直後再生テストでは、概要ラベリング群と映像的符号化群の成績がほぼ同じで、共に言語記述群よりも優れている。遅延再生テストでは、概要ラベリング群の成績が最も良くなっている。

これらの結果は、単にモデルの行動を正確に言語化して保持するよりも、映像として保持するほうが効果的であるが、それらの場合よりも、行動全体をまとめて言語化している場合のほうがさらに効果的であることを示唆している。

ここに紹介した二つの研究は、象徴化による媒介過程を操作的方法でとらえたものといえる。

保持過程に影響するもう一つの重要な要因は、観察者が保持期間中にリハーサルをするかどうかということである。バンデューラら[4]は、いくつかのリハーサルの方法を比較した興味ある実験を行っている。

大学生に、六つの要素を含む運動反応を見せ、それらを各要素に分解して、数字または文字の符号を割り当てて覚えさせた。たとえば、各要素に一、二、三、四、五、六またはB、A、C、E、D、Iを割り当てて覚えさせた。直後再生の後、各条件の三分の一の被験者には、一定時間、運動反応のリハーサルを行わせ、他の三分の一には、先に運動反応を割り当てた象徴的符号をリハーサルさせ、残りの三分の一には、リハーサルを行わせなかった。

その結果、一週間後の遅延再生では、数字または文字による象徴的符号をリハーサルさせた群が、運動反応そのものをリハーサルさせた群やリハーサルをさせなかった群よりも成績が良かった。この結果は、遅延再生には、象徴的表象を手がかりにしたリハーサルが有効であることを示している。

以上に述べた実験的研究の結果から、観察中に習得したことを象徴的表象に置き換え、それをリハーサルしている場合には、モデリング刺激は長期間保持されるといえる。最近、中沢らは、象徴的表象を扱った従来の諸研究についてまとめている[9]。

(3) 運動再生過程

保持過程に蓄えられた象徴的表象を、実際の行動に変換する過程が運動再生過程である。観察者は、象徴的表象を媒介にして、モデルによって示された行動パターンと一致する行動を再生しなければならない。

モデルがしていたことを思い出しながら、実際に自分がやってみた場合、ただちにモデルと同じようにできるとはかぎらない。そこで、どのような場合にモデルと一致する行動ができないのかについて考えてみよう。

まず、観察者がモデルの行動を正しく象徴化していなかったならば、当然のことながら正しい行動の再生はできないであろう。モデルの行動のごく一部しか見ていなかったり、ある部分を間違って受け取っていた場合には、モデリングは誤ったものになろう。しかし、このような場合、もし、もう一度モデルの行動を観察する機会が与えられれば、観察者は、見落とした部分や間違って受け取った部分に注目し、表象を修正することができる。

次に、モデルの行動を正しく象徴化していたとしても、観察者の側の要素的技能の欠如によって、うまく再生できないこともある。たとえば、オリンピックの選手が競技しているのをいくら見ていても、そのような運動技能を身につけていない人には、同じように行動することは不可能である。しかし、現段階では技能がなくても、個々の要素的技能を習得させることによって、モデリングが可能になるという証拠もある(8)。

さらに、正しい象徴的表象が形成されており、観察者の側の要素的技能もある場合でも、必ずしも最初から正しい再生が行われるとはかぎらない。何回か遂行を重ね、その間に、象徴的表象とのずれを自己調整してはじめて一致行動が達成されることもある。

ゴルフや水泳のような複雑な技能をモデリングする際の共通な問題は、遂行している人自身が自分の遂行をよく観察できないことである。たとえば、水泳で飛び込みを覚えようとする人にとって、熟達者の飛び込みを見て頭に描いた飛び込みの姿と、それと同じようにやっているつもりのその人の姿が、まるで一致していないということはよくあることである。

普通、技能は、モデルの行動を観察するだけでは達成されないし、単に試行錯誤を繰り返すだけでも達成できない。まず、モデリングによって新しい行動の概要を習得し、それから実際に遂行を試みながら、モデルとのずれを調整していくのである。

バンデューラは、この運動再生過程について、これまでにあまり実験的証拠を示していない。しかし、最近、彼らは複雑な運動反応のモデリングの際に観察者の遂行をビデオで見せることによって、いかに行動の調整が促進されるかを検討している(5)。

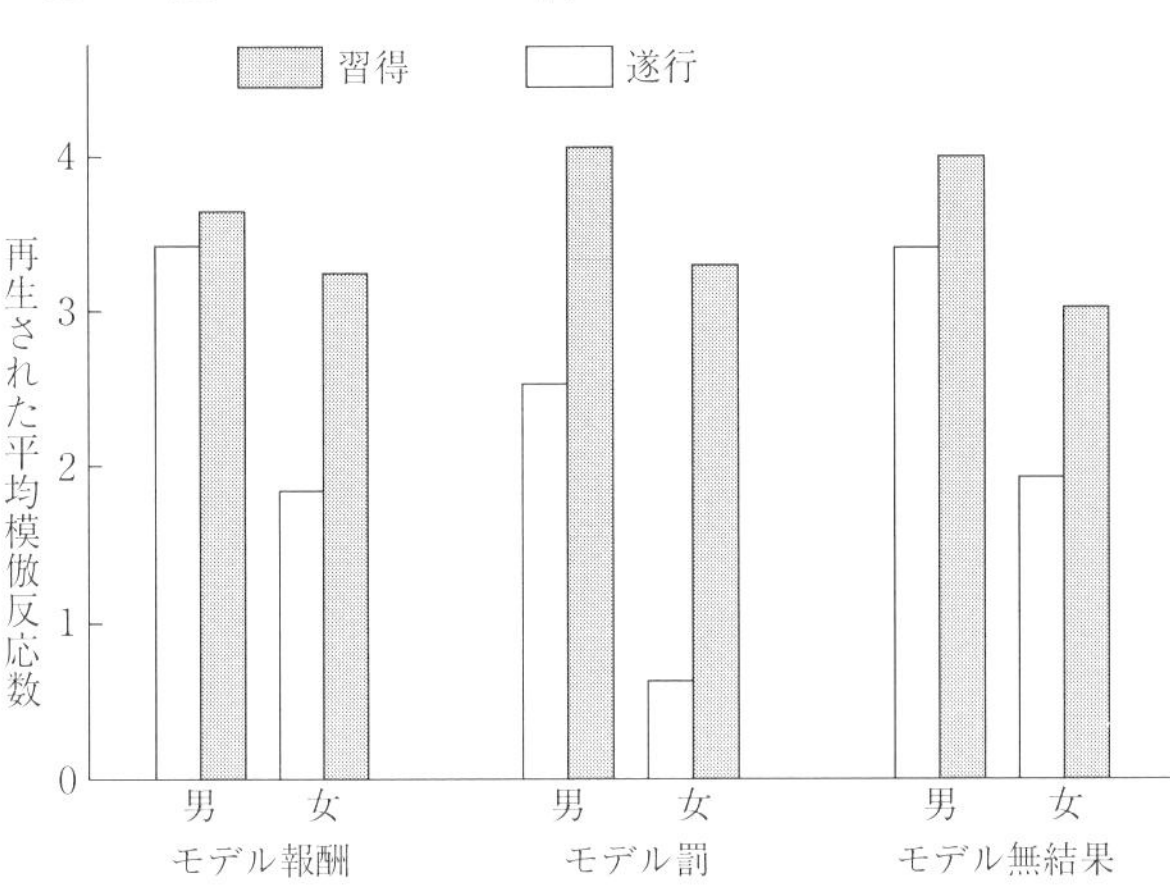

図 I-3　モデリングにおける習得と遂行（Bandura, 1965）

(4)　動機づけ過程

モデリングの最後の下位過程は、動機づけ過程である。正しくモデリング刺激を習得し、再生に必要な行動的諸要素を持っていても、観察者は実際には遂行しないことがある。モデルがしたのと同じ行動をして、何か価値ある結果が得られるのなら、観察者はモデルの行動を採用するであろう。しかし、それが観察者にとって無価値であったり、罰的結果をもたらす場合は、それを採用しようとはしないのである。

したがって、保持過程で得られた「習得」と、動機づけ過程を経て現われる実際の「遂行」とは区別されることになる。このことに関する実験的証拠は、バンデューラ(1)によって提出されており、この実験は随所で紹介されている。

彼は、幼児に、成人モデルの人形への攻撃的行動を見せ、モデルの行動の結果の条件を三通りに変えた。すなわち、モデル報酬群では、モデルの行動を「あなたはチャンピオンだ」と言ってほめ、ジュースやお菓子を与えた。モデル罰群では、「弱い者いじめはやめなさい」と言って、雑誌でモデルをたたいた。無結果群では、モデルへの賞罰を与えなかった。

その後、モデルがいたのと同じ部屋で、幼児に自由遊びを行わせ、幼児が自発的にどれぐらいモデルと同じ攻撃的行動を示すかを調べた。これが「遂行」である。さらにその後、モデルがどんなことをしたかと尋ね、できるだけモデルと同じことをするように促し、模倣をすればジュースやはり絵を与えた。こうして得られた攻撃的行動が「習得」である。

図Ⅰ-3で明らかなように、遂行ではモデル罰群の成績が他の二群に比べて悪いが、習得では三群の成績にあまり違いがない。つまり、モデル罰群では、モデルがしたことは促されればできるけれども、自発的にはしようとしなかったことになる。

このように、モデルへの報酬や罰、すなわち代理強化は、遂行を決定する重要な要因であるといえる。また、この実験では、直接強化によって遂行が促されており、さらに自己強化も遂行に影響すると考えられている[6・10]。

以上、バンデューラが主張したモデリングの四つの下位過程について述べてきたが、これらの過程で、モデリング刺激が実際にどのように習得され、保持され、そして再生されていくのかについて、今後さらに理論的検討を行う必要があろう。

〔引用文献〕

（1）　Bandura, A. 1965　Influence of model's reinforcement contingencies on the acquisition of imitative responses. *Journal of Personality and Social Psychology*, 1, 589-595.

（2）Bandura, A. 1971 Analysis of modeling processes. In A. Bandura (Ed.), *Psychological Modeling: Conflicting Theories.* Chicago: Aldine Atherton, pp. 1-62.（原野広太郎・福島脩美訳　一九七五　モデリングの心理学―観察学習の理論と方法―東京　金子書房）

（3）Bandura, A., Grusec, J. E., & Menlove, F. L. 1966 Observational learning as a function of symbolization and incentive set. *Child Development,* 37, 499-506.

（4）Bandura, A., & Jeffery, R. W. 1973 Role of symbolic coding and rehearsal processes in observational learning. *Journal of Personality and Social Psychology,* 26, 122-130.

（5）Carroll, W. R., & Bandura, A. 1982 The role of visual monitoring in observational learning of action patterns: Making the unobservable observable. *Journal of Motor Behavior,* 14, 153-167.

（6）福島脩美　一九八〇　「自己強化」の強化機能をめぐる理論的検討　東京学芸大学紀要　第一部門　三一　九―一九

（7）Gerst, M. S. 1971 Symbolic coding processes in observational learning. *Journal of Personality and Social Psychology,* 19, 7-17.

（8）Lovaas, O. I. 1966 *Reinforcement Therapy.*（16mm. sound film）. Philadelphia: Smith, Kline and French Laboratories.

（9）中沢潤・石井真治・祐宗省三　一九八一　観察学習における象徴的表象化の役割　文部省科研報告書　代表者祐宗省三　観察学習の成立要因ならびに観察学習様式に関する発達心理学的研究　九一―一〇三

（10）根建金男　一九八二　自己強化の機能をめぐる研究　立正大学保育専門学校紀要　九、四七―六二

（11）大野木裕明　一九八〇　児童における注意と観察学習　名古屋大学教育学部紀要（教育心理学科）二七、四七―五四

（12）Yussen, S. R. 1974 Determinants of visual attention and recall in observational learning by preschoolers and second graders. *Developmental Psychology,* 10, 93-100.

3　セルフ・コントロールの理論

(1)　バンデューラの自己強化実験

バンデューラのセルフ・コントロールの考え方を端的に示す初期の実験の一つを取り上げてみたい。それはバンデューラとクーパース[4]によって、小学生を被験者として行われたもので、モデリングと社会的学習の立場から行われたものとしては、最初のセルフ・コントロール研究となったものである。

小学生の子ども（七歳～九歳）が被験者で、実験は個別実験であるが、子どもが入室すると、そこにはミニ・ボーリングと呼ばれる特製の装置があって、すでにもう一人の子ども（あるいは大学生）が待っていて、実験者は二人がそろったところでゲームの説明を始める。こうして社会的場面が実験的に設定されたのである。ミニ・ボーリングの装置はレーンの途中にカーテンが下がっていて、ゴールで何本のピンが倒れたか見えないようになっている。その代わりにゴールの上部に得点表示盤が置かれ、三回投げるごとに三投分の合計得点が表示される仕組みである。また投球位置のかたわらにはキャンデーがたくさん入った籠が置かれ、その横にはキャンデーを分けて入れる皿も用意されている。

実験者は二人の子ども（あるいは大学生と子ども）に対して、ゲームのやり方を説明し、三投ごとの得点で「うまくいったと思ったら、いくつでもキャンデーをとってよい」と言いおいて、部屋を出ていく。

先に待っていた子どもあるいは大学生がまず一〇ゲームやって（三投を一〇回繰り返して）、そのたびに得点盤に得点が提示される。得点は5点から30点の範囲で、あらかじめ決められた順序で得点が出される。もし仮に一投ごとの得点表示であれば、投げ方と得点の間の不一致に気づくおそれもあろうが、ゴールがカーテンで隠されたうえ、三投ごとの合計得点で結果が表示されるようにしたことが自己強化実験のためのアイデアとなっている。さて、このとき、半数の被験者に対しては、モデル（第一ゲーム者）は20点以上の高得点が出たときだけ「うまくいった」とか「やったぜ」などと言いながらキャンデーをとる。これが高基準条件である。そして残りの半数の子どもに対しては、モデルは10点を基準点として、それ以上の得点が出たすべてのゲームでキャンデーをとる。これが低基準条件である。このようなモデルの自己反応を観察した後に、被験者のゲームの番となり、モデルは退室する。被験者は15ゲームやって、5点を二回、10点と15点を合わせて八回、20点以上を五回与えられ、これを手がかりとする被験者の自発的自己反応（キャンデーをとるかどうかと「よし」などの言語反応）が観察記録される。

結果は仮説を明解に支持するものであった。すなわち、非常に高い得点が出ないかぎり正の自己反応を示さないモデル、つまり自分に厳しいモデルを観察した子どもたちは、モデルと同様の高い基準を採用して厳格な自己反応をしたが、他方、かなり低い得点でも「よし」としてキャンデーをとる低基準モデルを観察した子どもたちは、比較的低い得点でも正の自己反応を行ったのである。なお、モデルを観察する機会を与えられずにただちに自己反応の機会を与えられた統制群の子どもたちは全体にかなり控えめな自己反応を行った。また大学生の成人モデルよりも子どもの仲間モデルのほうが、被験児の自己反応を寛大にすることも明らかとなった。

この実験は、人間が自分の行動に対して何らかの基準に従って自己報酬的にあるいは自罰的に反応する能力を持っていること、その際の基準あるいは自己反応の様式は社会的モデルを観察することによって決定されることを実証したものである。

(2) セルフ・コントロールの定義

セルフ・コントロールに関するバンデューラの記述は、人間行動がそれに対する外部からの外的報酬や罰に必ずしも依存しない事実を指摘することに、まず力点が置かれる。そして「ほとんどの人間行動は即座の外的強化が与えられない事態で生起している」ことに注目し「その場合、ある活動はこうすればああなるという予期的結果によって維持されるが、しかしほとんどは自己強化のコントロールを受けている」(文献(1)訳書・一四二ページ)として、セルフ・コントロールの機能を正しく理解することが人間理解の道であると説く。そのような事例の一つとして作家の厳格な自己推敲をあげ、他人がよしとする文章であっても、作家自身はたやすくはこれをよしとせず、さらに自己修正の努力を続ける結果、優れた作品が創造されると言うのである。

バンデューラによれば、行動がその結果によって制御されるという、スキナー派の命題は、行為が状況的影響のなすがままに決定されるという意味に誤って受け取られているのであって、現実の人間は自分自身の感情や思考や行為を自分自身でコントロールできるような自己反応能力を身につけており、それゆえ「行動は自己産出的結果要因と外的結果要因との相互作用によってレギュレートされる」(文献(1)訳書・一四二ページ)ということになる。ここでレギュレートという調整とか調節の意義をも含む用語が用いられていることに注目したい。コントロールということばには管理、監督、支配、統制の意味があって、一方から他方への一方的影響力行使のニュアンスが強いが、それに対してレギュレートということばは複数の影響要因の相互作用を調整するという意味あいが強いように思う。しかしこの章では、バンデューラの好んで用いるセルフ・レギュレーションという概念を中心にして、一般的なセルフ・コントロールの語を用いることにする。

なお、自ら設定した基準を達成したとき、自らコントロールできる報酬を自らに与え、それによってその行動を促進し維持する過程を自己強化といい、これに自己の行動に対する負の自己反応によってその行動の減弱を促す場合も含めて、自己反応的結果による行動の調整を指して、自己調整、一般的にいえばセルフ・コントロールという用語が用いられる。

(3) セルフ・コントロールの成立過程

自らコントロールする強化がどのようなメカニズムで行動に影響するのかということが問題になる。

バンデューラは、一般に強化の影響について、主に情報機能と動機づけ機能という二つの面から考えているが、自己強化の影響のメカニズムについては、主にその動機づけ機能によって説明を試みている。すなわち、ある遂行水準を自ら設定し、それが達成できないときは自罰し、それを達成できてはじめて自ら報酬を入手し満足することによって、人々は遂行が自己の定めた基準に適合するよう自ら努力を喚起することになる。

自己の行動を自己目標に照らして評価し、自己反応によって自ら動機づけるこの一連の過程は、バンデューラ[(1)]によって、次のような要素過程としてまとめられている。

まず遂行行動が、いくつかの評価次元に従って変動するが、どの評価次元が優勢かはその活動の種類によって異な

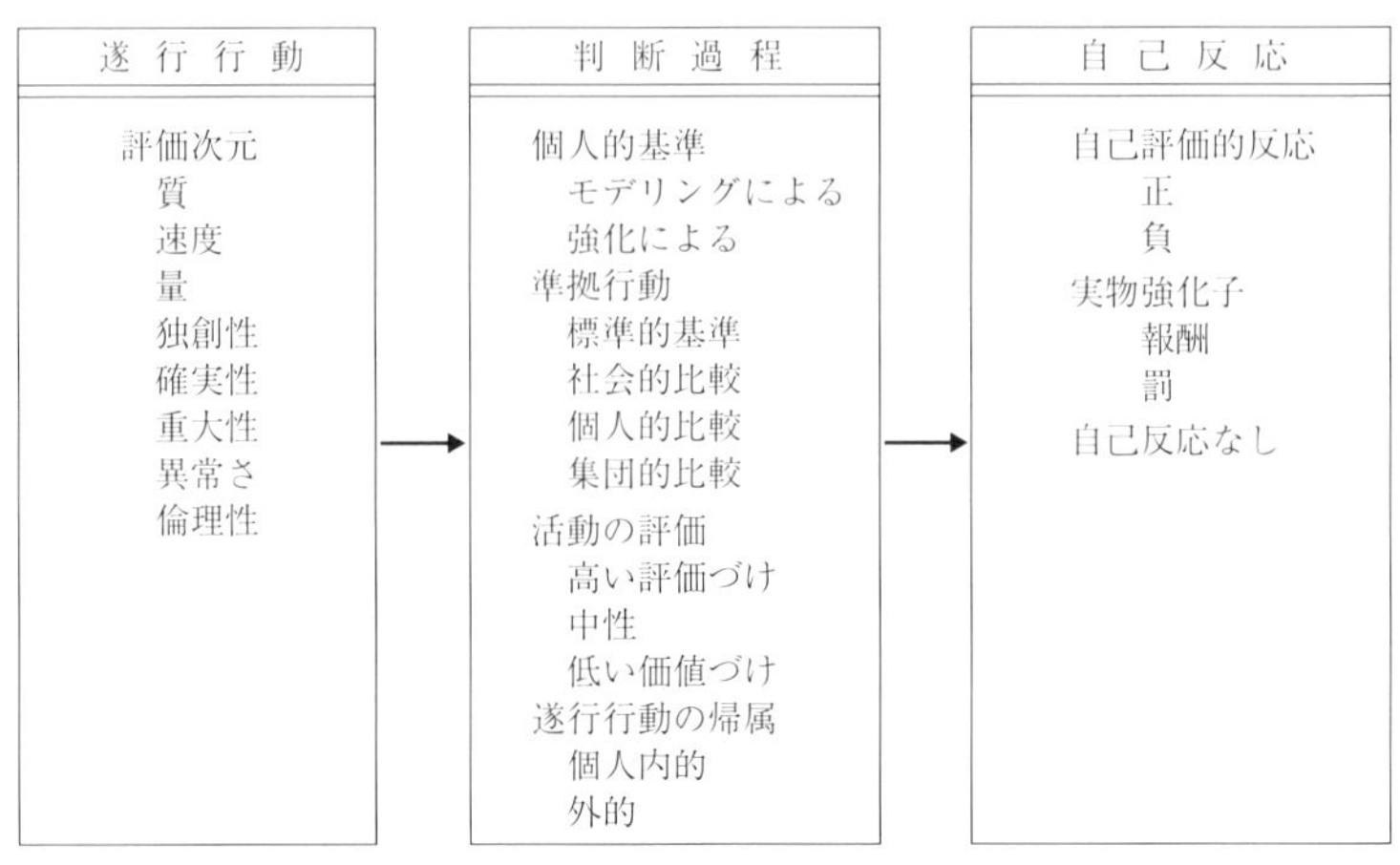

図Ｉ-4　自己産出的結果による行動の自己制御の要素過程

るだろう。遂行の質が問題となる場合もあろうし、量がもっぱら重要となる活動もあろう。

ところで量にせよ質にせよ、あるいは他の評価次元にせよ、大部分の活動には適切さの絶対的基準というものは存在しない。一時間で二〇問の問題に解答したとして、それだけでは自己強化に足る遂行かどうか決めることは困難であろう。そのため社会的比較や個人的基準に照らした判断過程が重要な影響を及ぼすこととなる。

判断過程においては活動の価値づけも影響する。個人が重要でないと思っている行動については、たとえ社会的比較や以前の自分との比較で高いと判断したとしても正の自己強化は起こらないだろう。同様に、ある遂行行動が何によってもたらされたかという行動の決定因の知覚によっても異なる。人々は成功と失敗の原因を自分の能力や努力に帰するときには、成功によって自己報酬を、失敗によって自罰を経験するだろうが、自分の努力に無関係な原因によって得た成功と失敗には自己報酬も自罰も受けることはないだろう。

このような判断過程における価値づけと帰属の問題は、人が苦しい自罰を経験しかねない事態で試みるさまざまな防衛的な認知活動と関連して、性格心理学や臨床分野での興味深い研究テーマを刺激することになろう。

判断過程に関係する諸要因の中でも、モデルの自己反応様式の影響はバンデューラが特に重要視していることである。先にミニチュア・ボーリングのゲームで、モデルの自己反応を通して自己強化基準が観察者に伝えられたことをみたが、もしも一人の子どもの周囲のライブ・モデルたちがそろって、あまりに厳しい自己反応をモデリングし続けた場合のことを考えたならば、モデリングの影響の大きさ、深刻さは十分想像できるだろう。以上のような判断過程に関する問題はこれを実験的に検証する道を開くことができれば、セルフ・コントロールにおける興味深い探究の対象となろう。

行動は複雑な判断過程を経て、次の成分の自己反応を引き起こすことになる。遂行行為の自己評価は、最も自然な自己産出的結果の例である。肯定的な判断は報酬的な自己反応を生ずるし、否定的な自己判断は罰的な自己反応を賦活することになろう。個人的に意味がないとみなされた遂行はいかなる自己反応をも惹起しないだろう。多くの人間行動が自己満足感、自尊感情、自己失望、自己批判などといったさまざまな形の自己評価的結果によって調節されているのである。

きょうは特別においしい夕食にするとか、新しいハンカチを購入するとか、あるいは食事を抜くといった類の実物強化子を自ら随伴させる方式もある。このような有形の結果と自己評価的反応とは、それぞれに行動に影響することができるが、それぞれが全く独立しているわけではない。実物強化子を目標とした目標の達成は正の自己評価を刺激するだろうし、正の自己評価は実物的な結果との相関によって報酬価を獲得し、うまくできたと自己評価したときには、自ら祝福の実物強化子を入手することになろう。

(4) 自己制御行動の形成・般化・伝達

人はどのようにしてセルフ・コントロールの能力を獲得するのかという問題は、セルフ・コントロールをめぐる諸研究テーマの中で最も興味をひく中心的な問題である。自己強化機能の形成について、一般に二つの方式が指摘されている。一つはカンファーとマーストン[8]の実験研究を端緒とするもので、外的強化の引き継ぎとしての自己強化がテーマである。すなわち、ある学習水準に至るまでは実験者から与えられる外的強化によって学習するが、その後、強化子の管理を被験者に任せ、自分で正しいと判断したら自ら強化子をとるように導かれた。その結果、自己強化条件の成績は、外的強化から自己強化手続きに移行したときの遂行水準がほぼ一定に維持されることがわかった。ところで外的強化をさらに続けた外的強化条件の成績は、さらに上昇し続け、また外的強化をやめて消去手続きに切り替えた条件の下では、成績はしだいに下降していった。したがって自己強化手続きの効果は、外的強化継続条件と消去条件との中間に位置し、外的強化によって高められた正反応水準を維持する働きが確かめられたのである。

この型のセルフ・コントロールは大人が子どもの行動に弁別的に反応し、ある基準に適合すると喜び、ある基準が満たされないと失望するなどといった外的随伴性によって、やがて子ども自身が大人の反応基準を受け継いで、ある基準を超えた遂行に対しては自己報酬的に、それに満たないときは自罰的に自ら反応するようになる過程、すなわち外的強化が自己強化の基準として内在化する過程としてとらえられる。

このような外的強化継承型の自己強化について、バンデューラは自己強化機能の形成メカニズムの一つとしてこれを認めているが、しかし強化理論の立場はとらず、観察学習の特別な場合として、すなわち、学習者が自分の行動に対する周囲の反応を観察することによって、強化基準を獲得する場合としてとらえようとする。

バンデューラが特に重視するのは、モデルの自己強化行動を観察することによって、モデルの自己強化基準が観察的に受け継がれる伝達の方式である。一人の人間が他人に対して、ある基準を要求して弁別的に反応する場合の伝達方式が前者の型であるが、一人の人間が自分に対して、ある基準を要求し、それに照らして自らの行動を評価する方式が第二の型である。すなわち、観察者はモデルの行動とそれに対するモデル自身の自己反応を観察することによって、自己反応の様式と自己反応のための基準、つまりは自己強化基準（self reinforcement criterion）を獲得するのである。

一人の人間の周囲には、時と状況に応じて、実に多くの異なる自己強化基準を示範するライブ・モデルたちがいるし、シンボリック・モデルとなるとさらに多彩である。そのうえ、一人のモデルが同じ状況で異なる自己反応を示す場合も決してないとはいえない。そのためモデリングによる自己強化基準の形成の過程は複数モデリング、あるいは葛藤モデリングの過程である。大人モデルの厳しい自己強化基準と仲間モデルの寛大な基準に同時にさらされた場合の効果[2]や行動による示範（行動モデリング）と教示（言語モデリング）との食い違いの影響についての研究[10]などはモデリングの選択的かつ複合的影響をよく表わしている。

自己強化基準が特定の活動でのモデリングの影響を超えて、より一般的な行動基準となる過程についても興味深いテーマとなっている。

（5）セルフ・コントロールと臨床性格心理学

自己評価の現象は、これまで、行動理論からはなじみにくいものであった。教育評価の分野では主に教師からの評価と比較して評価技法の一つとして技術面から取り扱われてきたし、性格心理学の分野では、自己評定と他者評定の評定法としての長短や評定の偏りという面で主に問題にされてきたように思う。それらは自己評価が行動をどう調整するかという視点ではなかった。

ましてや、自己概念を重視する現象学的アプローチは行動的アプローチとは両立し得ないものと考えられてきた。実際、自己概念に関するこれまでの研究は伝統的な分析理論や哲学的思索、個人的経験の了解に関してであって、実証的研究を志向した場合でも、形容詞チェックリスト、Q分類、質問紙などによって評定的ステートメントを提示し、各被験者の評定に基づいて全体的な自己像を構築するという類のものであって、そこには、自己概念と行動を結ぶ機能的関係についての視点が不明確であったように思える。そして、理想自己と現実自己との全般的なずれの大きい個人は社会生活適応が低いといったような一般的な相関的関係の理解にとどまっていたといえるだろう。

また性格心理学は人の行動上の差異をいくつかの次元（特性）上の量的差異の組み合わせパターンとして大づかみにすることに努めてきた。すなわち、ある場面でのある人の行動とその変化を予測するよりも、そうした具体的行動から抽象された行動の傾向について知って、人間をいくつかの型に分類することに主要な関心が寄せられてきたように思う。これに対し、バンデューラ(1)は「性格理論は行動の差異を価値の違いに帰する傾向があるが、価値がどのようにして行動を調整するかを適切に説明していない」（訳書・一五四ページ）として批判している。

バンデューラのセルフ・レギュレーションの考え方によれば、負の自己概念は自分自身を低く評価する傾向であり、正の自己概念は自分自身を好意的に評価する傾向としてとらえられる。そして自己反応能力の未発達や厳しすぎる自己評価基準への固執など、不適切な自己評価システムがもたらす精神的不健康が問題となる。したがって、負の自己概念の変容を働きかけるということは、個人が重要とする活動に関して、判断基準の形成、維持、変化の過程に働きかけることであり、モデリングや強化、比較、帰属と価値づけの修正などにより、自己反応様式の変化を導くことにつながっている。

セルフ・コントロールの概念は、行動変容の理論と技法から生まれたものであり元来、行動の概念であった。しかし行動という外から客観的に把握でき直接操作できる性質のものから個人の認知や自己評価のような内潜的活動へと対象を広げ、それを行為者自身が操作する方式へと拡張を図ったものである。

今日、セルフ・コントロールは各方面から注目され、技法的にも理論的にも多様な広がりをみせている。オペラント原理の応用として強化刺激を自己呈示する方法、[7] 想像や思考といった人間の内潜的活動に強化刺激を随伴させるための手段としてイメージも高確率行動も当事者（主体）の側に任せる自己制御方式、[6] そしてイメージやことばといった先行刺激としての認知的活動を介して行為の制御を図る試み、[11] あるいは心身の状態を最適に保つための数多くの手続きの工夫など、活発な研究が行われている。

こうした中にあって、バンデューラのセルフ・レギュレーションの考え方は、彼の社会的学習理論の大きな枠組みによって支えられ、特に認知と行動を共通の枠組みでとらえようとする点、[5] また行動の制御子を刺激から個人（セルフ・システム）に切り替えた考え方など、[2] 他の研究者に対する影響力の大きい諸要素を内包するものであるといえる。

とりわけ、従来は自己評価とか自己概念のような現象学的・状態像的概念でとらえられていた現象に対して、セルフ・コントロールという機能的視点からアプローチする道を開拓した先駆的理論として高く評価されよう。臨床性格心理学への今後の刺激力が期待される。

〔引用・参考文献〕

（1）Bandura, A. 1977a *Social learning theory.* Prentice-Hall. Inc.（原野広太郎監訳　一九七九　社会的学習理論―人間理解

と教育の基礎—　金子書房）

（2） Bandura, A. 1977b Self-efficacy; Toward a unifying theory of behavior change. *Psychological Review*, 84, 191–215.

（3） Bandura, A., Grusec, J. E., & Menlove, F. L. 1967 Some social determinants of self-monitoring reinforcement systems. *Journal of Personality and social Psychology*, 5, 449–455.

（4） Bandura, A., & Kupers, C. P. 1964 Transmission of pattern of self-reinforcement through modeling. *Journal of Abnormal and social Psychology*, 69, 1–9.

（5） 福島脩美　一九七八　認知的制御—行動理論と認知理論の交点—　心理学評論　二一、二八一—二九二

（6） Homme, L. E. 1966 Contiguity theory and contingency management. *Psychological Record*, 16, 233–241.

（7） Kanfer, F. H. 1970 Self-reguration: Research, issues and speculations. In C. Neuringer & J. L. Michael (Eds.) *Behavior Modification in clinical Psychology*. New York: Appliton, 178–220.

（8） Kanfer, F. H., & Marston, A. R. 1963 Determinants of self-reinforcement in human learning. *Journal of experimental psychology*, 66, 245–254.

（9） Mahoney, M. J. 1970 Toward an experimental analyses of coverant control. *Behavior Therapy*, 1, 510–521.

（10） McMains, M. J., & Liebert, R. M. 1968 Influence of discrepancies between siccessively modeled self-reward criteria on the adoption of self-imposed standard. *Journal of Personality and Social Psychology*, 8, 166–171.

（11） Meichenboum, D. H. 1974 *Cognitive Behavior Modification*. Morristown, N. J.; General learning Press.

4 自己効力（セルフ・エフィカシー）の理論

(1) 自己効力とは

バンデューラ[1]の社会的学習理論は、人間の行動を決定する要因として、先行要因、結果要因、そして認知的要因の三つを挙げ、それらの要因が複雑に絡み合って、人と行動と環境という三項間の相互作用の循環が形成されると説く。これが社会的学習理論の大枠である。ここで結果の要因は、オペラント強化の考え方を包み込むものであるが、前章でみたように認知の働きと自己強化が特に重要な位置を与えられている。そして、先行要因の中で特に重要視されるのが、この章のテーマとなる自己効力である。自己強化によるセルフ・コントロールが結果による行動制御の一つの発展型であるのに対して、自己効力は行動の先行要因の中の一つで、各種の心理治療技法の効果を予測し評価し比較するための重要な概念と考えられるものである。

先行要因は、従来は古典的条件づけで説明されてきた現象をその一部に含むもので、ただし認知的な概念化と説明がなされている。たとえば、たまたま青い鳥を見た日に激しい雷鳴を聞き不安と恐怖を体験した人が、その後青い鳥を怖れ用心するようになる場合についていえば、以前は中性だった事象（刺激）が、相関連する経験によって、ある反応を起こすようになるのは、刺激（青い鳥）が反応（恐怖、回避）と自動的に結合したためではなく、青い鳥が不吉な出来事の再来を予期させるようになったため、すなわち、ある事象を手がかりとして次の事象を予想するようになったためであり、人の認知機能が重要な影響を持つこととなる。このことはバンデューラ[1]によって、

> 人は単に刺激に反応しているのではない。刺激を解釈しているのである。刺激が特定の行動の生じやすさに影響するのは、その予期機能によってである。刺激が反応と同時に生じたことによって反応と自動的に結合したためではない。（訳書・六六ページ）

と明解に記述されている。

行動の先行要因としての予期は、大きく二つの種類に分けることができるだろう。一つは環境の出来事についての予期であり、もう一つは自己の行動についての予期である。前者は、ある事象から他の事象の出現を予期させたり、行動と結果との関係の予測因として、すなわちある行動がどんな結果を引き起こすかという結果予期としてとらえられ、そして後者は適切な行動をうまくできるかどうかの予期、すなわち自己効力として概念化された、と考えられる。

ある行為がある結果をもたらすだろうことは確信できても、そうした行為を自分がうまくやり遂げられるかどうかは自信が持てないという場合がある。これは結果予期は十分に強いが効力予期（エフィカシー予期）が低い場合である。また、ある行為をうまく成し遂げられるだろうと確信しているが、その行為によって相手から好都合な反応が出るかどうかはわからないという場合もあろう。これは、効力予期は強いが結果予期が弱い場合である。このような例は、結果予期と効力予期が異なる心理現象にかかわるもので、区別して取り扱う必要性を示すものである。

〝エフィカシー〟概念は、自己効力あるいは効力知覚（エフィカシー知覚）、効力予期などの用いられ方をする。あ

る状況において必要な行動を効果的に遂行できるという確信の意味であり、自己確信とか自己効力感、可能予期、可能感などの訳語も用いられている。

効力予期は、自分の行動に関する可能性の認知であり、結果予期は環境の反応に関する可能性の認知である。バンデューラは両者の関係を上のように図示している(1)。

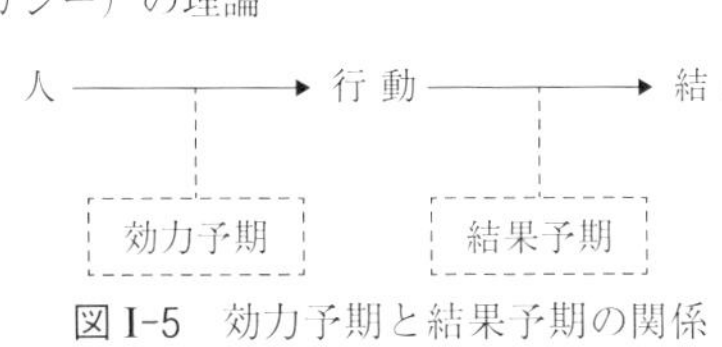

図 I-5　効力予期と結果予期の関係

この図は、人がその行動に先立って、うまく遂行できるかどうかの予期を持つこと、また環境からの結果に先立って、結果についての予期を持つことを示したもので、左から右への矢印は時間の経過の順を表わしていると解される。しかし、効力予期も結果予期も行動に先立って人の側に起こると考えるならば、両方とも行動の前に位置づけることも可能であり、この図はやや明解さを欠いているように思える。

(2) 自己効力と治療論

心理療法の原理と方法に関して、二つの大きな流れがある。一つは行動療法によって代表されるもので、問題を行動のレベルでとらえ、学習理論に基礎づけられた治療的操作によって行動変容を起こし、治療の効果を客観的データによって評価する。もう一つは伝統的心理療法の流れで、人の認知の歪みが問題とされ、認知の無意識的過程に関する解釈、あるいは個人的苦悩・感じ方・見方に対する共感的理解や了解によって、自己洞察、自己受容といった人の認知の変容が起こり、その過程で症状はおのずから改善されると考える。

こうした二つの基本的対立がなお続く現状の中で、バンデューラの自己効力の概念と理論は、二つの流れを合流することをねらいとしている。『自己効力：行動変容の統合的理論をめざして』というタイトルの論文(2)の中で、彼は、遂行に基づく手続き（行動療法の流れはこのようにとらえられる）の有効性を高く評価し、しかし人間行動が習得され調整されるメカニズムは認知的過程によると考えられるとし、結局のところ、行動理論に基礎を置く行動的技法も、あるいは伝統的心理療法の流れの中の各種の技法も、要するに自己効力を高めることによって、その度合いに応じて、治療効果を表わすと主張する。すなわち、心理療法の効果を決定する鍵概念として自己効力が提案されたのである。

その論文の中でバンデューラは、「行動変容を媒介するのは認知過程であるが、その認知事象は効果的遂行から生じるマスタリー経験によって誘導され、変容される」とすることによって、行動と認知を共通の枠組みに取り込むことを試みる。社会的学習理論を背景にして、今日の心理療法の流れをみるならば、これまで認知過程を重んずる立場の人々が象徴的方法のみを模索して行動的アプローチを受け入れず、他方、行動技法を用いる人々が認知的メカニズムを無視してきたところに、心理療法の発展の最大の障害の原因があったということができよう。バンデューラは、プロセス（これは認知的事象）と手段（遂行に基づく方法に利があるとみる）を一つの枠組みの中に上手に組み入れようと試みている理論家であるといえるだろう。

（3）　自己効力の次元

効力予期（efficacy expectation）あるいは自己効力知覚（perceived self-efficacy）は、次の三つの次元に沿って変化するとされる。

一つは自己効力の大きさあるいは水準である。いま、課題が簡単にできるものからより困難なものまで、難易のレベルに従って並べられたとすると、自分にはどこまで解決可能かという予期のレベルの高さが、自己効力のマグニチュード（大きさ）あるいはレベル（水準）である。ヘビを扱う課題を例に挙げれば、水槽の中のヘビに一メートルの距離まで近づくことができるという予期は低いレベルの自己効力であるが、実験者が手に持っているヘビに瞬間でも手を触れられるという予期はかなり高いレベルであり、ヘビを手につかんだり、ポケットに入れられるという予期は非常に高いレベルである。このような具体的行動目標を、実際にいま、どこまで達成できそうかという予期の水準が自己効力の大きさあるいは水準である。

次に効力予期の強さ（strength）の次元で、これは自己効力の各レベルあるいはマグニチュードをどのくらい確実に実行できそうかという確信の程度を表わす。先の例でいえば、水槽の中のヘビに近づくという目標レベルなら100％確実に実行できるだろうと予期するが、直接ヘビに手を触れるレベルのことになると、できそうだという予期は10％ぐらいの確信しか持てないということになろう。このように自己効力強度は、あるレベルの行動の可能性について、どの程度強く可能と思うかという確信度に関係している。

そして第三の次元が一般性（generality）の次元である。ある対象との、ある状況での、ある行動項目に関する自己効力が、どの程度まで、対象・状況・行動を越えて広がりを持つかという特定性と一般性を結ぶ次元である。先の例でいえば、あるヘビとの成功的交渉によって獲得された自己効力が、そのヘビの場合に限られるのか、あるいは他のヘビや他の爬虫類の取り扱いに関しても、可能感として広く波及するのかということが一般性の次元を構成することになる。

これら三つの次元上で自己効力を測定するにあたっては、まず、実際にその対象に可能な範囲の接触をさせるとか、その状況に身を置くなどの実際的な状況提示を行い、そこでの行動を容易なものから困難なものまで示し、どのレベルまで可能か、可能なレベルに○印を付けるよう求める。これが効力レベルの評定である。次に○印が付いた各項目について、どの程度確実にできそうかという確信度―強さの評定を求める。これが自己効力強度である。たいがいの場合、○印の付いた各項目について10ポイント間隔で100点までの数値を付けるよう求める。100は完全に100％可能と確信するとき、10は一応できると評定したものの、きわめて自信がないというときの値である。こうして、レベルと強度（確度）を組み合わせた表が各被験者ごと各課題ごとに仕立てられる。次に自己効力の一般性をみるためには、対象を変え、状況要因を変えた場合の自己効力のレベルと強度を設定させることになる。

（4）自己効力の規定要因と誘導方式

自己効力は主要な四つの情報源によって基礎づけられているとして、遂行行動の達成、代理経験、言語的説得、生理学的状態（情動喚起）が指摘される。

次の図は不適切な抑制と防衛行動の改善のためによく使われる手続きを誘導様式として、それぞれの手続きによる主要な情報源を示したものである。

「遂行行動の達成」は、個人が自分で行動して必要な行動を達成できたという経験であるから、これを情報源とする自己効力は最も強く安定したものとなると考えられる。一般に、成功経験は次の機会にもその状況を効果的に処理できるという予期を強め、高め、一般化する傾向があり、逆に失敗経験は自己効力予期を低め、弱め、狭める傾向があるが、その場合にも、さまざまな他の要因が関与するだろう。

誘導の方式としては、参加モデリングや遂行行動による脱感作、各種の促進的手続き（プロンプティング・エイド）など、実際に必要な行動を実行できるようにするための認知的・行動的手続きが含まれる。

自己効力と行動達成との関係は一方通行の関係ではなく、相互影響の循環を形成していると考えるのが自然だろう。治療者の巧みな援助によって、以前よりも適切な行動が遂行できたとなると、この経験は効力予期のレベルを高め、確信度を高め、幾分かの般化を起こすかもしれない。すると、その人はこの種の課題に興味を持ったり、回避傾向を弱めて積極的に取り組み、その結果、一層適切な遂行が可能になるだろう。したがって自己効力はなお一層高められ、強められ、広がるだろう。

第二の情報源は「代理的経験」である。この要因は直接経験としての達成経験に比べたら幾分弱いと考えられるが、人間の経験の中に占める代理経験の相対的大きさからみれば、この情報源の影響は、きわめて重要なものと考えなければならない。人々は多種多様な社会的モデルを通して、自分にもできそうだという効力予期を形成する。たとえば、被験者にとっては恐ろしい活動にモデルが楽々と従事しているのをみると、観察による不安の代理消去と、自分にもできそうだという予期が促進されるだろう。モデリングによって伝達されるのは環境の性質や妥当な行動の仕方についての情報のみでなく、それと一緒に効力予期という行動への一種の動機づけが喚起され、こうして行動の仕方とそれをやれそうだという自己効力との両輪によってモデリング手続きの影響が行動化されるとみることができる。

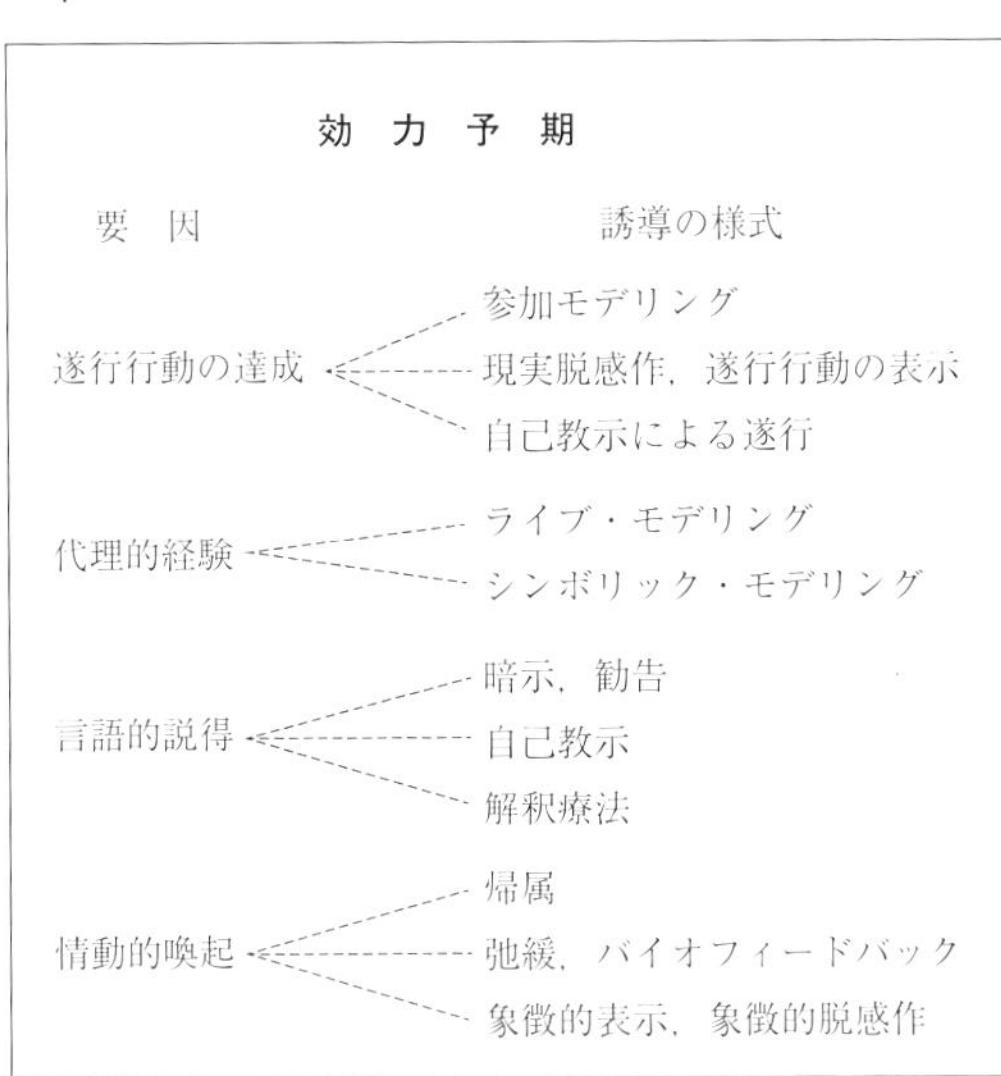

図 I-6　自己効力の誘導様式と主要な情報源

その手軽さのため最も安易に用いられるのが次の「言語的説得」の情報源である。強力な説得の方式を反復して用いれば、やがて自己効力を高め、強め、広げることができると幾分かは期待できようが、しかし言語的説得だけで高められ、強められた自己効力は、現実の困難に直面してたやすく消失することが十分あり得る。言語的説得は、結局は遂行行動の達成に導くための一時の補助的手段として、それが実行によって確証されてはじめて確固たるものとして、機能するのであって、現実検証に耐える程度に応じて効果をあげると考えられる。

説得や代理経験が効力予期に与える影響は決して単純ではない。社会的モデルが巧みに課題状況を克服していくのを見た場合、人々が自己効力を高めるかどうか、安易に決定することはできないだろう。モデルが失敗するのを見て、効力予期を高める人もいるだろう。おそらく効力予期を的確にとらえるためには、説得の方式やモデルと観察者との関係、観察者やモデルの行動歴と強化歴、あるいは課題状況の性質などさまざまな要因について、注意深い検討が必要となろう。

次に「生理的状態（情動喚起）」も効力予期の重要な判断手がかりとなる。大勢の聴衆の前で声が震えたり赤面したといった生理的反応から、人々は効力予期を下げ弱め、逆にそうならなかったという判断手がかりから自己効力を高め強める。この場合にも、自己効力と生理的覚醒とは相互影響的関係の連鎖の中にあると考えてよいだろう。

遂行に基礎を置く各種技法の中で、筋弛緩訓練やイメージによる脱感作、あるいは継時的接近法やスモール・ステップの原則が、高い効果をあげることが知られている。そしてこうした技法の効果のメカニズムとして、拮抗制止原理やオペラント強化の原理が説明に用いられてきた。ところが、バンデューラの自己効力の理論では、それらの手続きは、エフィカシー予期の水準と強度と広がりを増すための手段として、すなわち、自己効力という自己認知を媒介として、その効率に応じて、その機能を発揮するという説明になる。

さて、以上の各情報チャンネルのほかに、いろいろな状況要因も自己効力に影響する。たとえば、多人数を相手に話をすることに関する自己効力の水準と強度は、テーマや紹介のされ方や聴衆のタイプなどによって異なるだろう。

(5) 自己効力の特徴

自己効力とは結局何なのか。自己効力の概念に関するバンデューラの説明は、現象的記述が中心となっているため、この概念の性格づけと意義、他の類似する概念との関係などについて、素朴な疑問が残るのではあるまいか。そこで、自己効力に関する理解を明確にするため、いくつかの観点に従って自ら問いを発し、それに自ら答えるセルフ・ディアローグのような形式で、自己効力の概念の性格規定を試みたい。

第一の問いは、効力予期が、日常使われている自信という概念や、認知と動機づけの心理学分野でのコンピテンスなどの概念とどう異なるのかということである。筆者の考えでは、自信や有能感はいまとりかかろうとする一つの行動についての予期ではなく、もっと一般化され抽象化された自己の妥当性、環境統制力に関する概念であろう。それに対して、自己効力は、「いま、そのことが自分にできるかどうか」というような具体的な一つ一つの行為の遂行可能性の予測に関するものであり、行動に直結した概念である。したがって、一つ一つの行動に対応して自己効力が評定され、そのうえでどの程度の般化の広がりがみられるかについて取り上げられる。

第二の問いは、自己効力の概念の性格をどうとらえるかということに関係している。自己効力が具体的な行動に対応し、行動を予測させるものであるとすれば、自己効力は独立変数となり得るのか、また操作できるのかという問いが出されよう。これについては次のように考えてみたい。効力予期は図I-6に示されたような各種の手続き(独立変数)によって間接的に操作・誘導されるという点では従属変数であるが、しかし同時に、次の行動の予測因として の機能が与えられている。したがって自己効力は、各種操作の独立変数と行動変容の従属変数を結ぶ媒介変数であり、構成概念である。

効力予期は行動とよく一致するというバンデューラの主張に対して、もしそうなら、予期などというあいまいな概念を用いる必要はないのではないかという意見もあるかもしれない。自己効力の概念の存在意義を問うなら、バンデューラの意図する治療技法の統合とは別に、行動の機会がずっと後に来る場合や、行動に先立って手続きの効果を確認し予測できる利点、自己効力という共通の尺度によって各種手続きを比較できること、また予期と行動はよく一致するものの完全な一致はむしろまれで、人により状況により行為の型により、変動的であり、そのこと自体研究の対象となり得ることなどが指摘できよう。なお、自己効力を評定する手続きによって次の行動が影響を受けるアーチファクトについて考えておく必要があろう。

自己効力の機能については、効力予期の高まりによって課題事態への積極的取り組みが促進され、困難に直面してより大きな努力をより長く続けるとともに、予期的恐怖と抑制が低減され回避行動や防衛行動が消去される、と述べられている。このことからみて、自己効力は基本的に動機づけの概念に対応し、認知の枠組みに入ると考えられる。それと同時に、「できる」という予期は「こういうふうに」という行動のプランとかストラテジーと呼ばれるものと一つに結びついているに相違ない。自己効力の理論は、暗黙裏に、プラン×自己効力予期＝実行という図式に基礎づけられているように思えるのである。

本稿はエフィカシーの基本的考え方と研究の基礎を取り上げたが、最近、このテーマに関する興味深い研究が報告されているので、それらに目を通されることをおすすめしたい。

〔引用・参考文献〕

(1) Bandura. A. 1977a. *Social Learning Theory.* Prentice-Hall (原野広太郎監訳 一九七九 社会的学習理論―人間理解と教育の基礎― 金子書房)

(2) Bandura. A. 1977b. *Self-efficacy*: Toward a Unifying Theory of Behavior Change. *Psychological Review*, 84 (2), 191-215.

(注) セルフ・エフィカシー(self-efficacy)の訳語については自己可能感、自己効力感、自己確信、自信などがあり、定訳はない。この概念はバンデューラ自身その後さまざまな内容を含んだものとして、いろいろに言い換えて使っており、セルフ・エフィカシーはこれら諸概念を包括する構成的概念の様相を示している。本書では編者によりとりあえず〝自己効力〟と統一した。(編者記)

5 相互決定主義の理論

(1) 行動の決定因——個体と環境——

有機体の行動がいったい何によって決定されているかという問いかけは、心理学の歴史の中で常に追い求められてきた課題であろう。特に、行動の決定因が個体にあるか、それとも環境にあるかという論争の歴史は、心理学の歴史を如実に物語るものであるかもしれない。

そうした中で、行動の決定因として個体の要因を強調する心理学者は、古くは「本能」に始まり、さまざまな動因や欲求等を仮定することによって、有機体の行動がどのように解発されるかを説明しようとしてきた。とりわけ人間の行動を理解するにあたっては、文字どおり多種多様な社会的動機あるいは内発的動機をその説明概念として用いることによって、動物とは異なった「人間」の行動を説明しようとしてきたのである。

一方、行動の決定因として環境の要因を重要視する立場にある心理学者は、行動が外部環境から与えられる刺激にいかに依存しているかを強調し続けてきた。その最も極端な考え方は行動主義にあるといえるだろう。そこにおいては、有機体の行動は強化刺激の関数であると考えられ、したがって行動の理解にあたっては、もっぱら「随伴性」のみが分析の対象とされてきたといっても過言ではないだろう。

（2）行動の決定因――「個人的」要因の重視――

従来の行動理論は、その理論的な枠組みを構築するにあたって、主として動物を対象とした実験結果にその根拠を求めてきた。したがって、「有機体の行動を理解する」といった場合、「有機体」という概念の外延として、その中心にはネズミを初めとする動物が位置し、人間はどこか片隅に小さくうずくまっているかのごとくであったといえるかもしれない。従来の行動理論が行動の決定因として環境の要因を重視してきたことは、われわれとは直接コミュニケートできない動物が常に実験室の中にいたという事実と決して無関係ではないだろう。

しかしながら最近になって、行動理論は大きく変化してきている。「有機体の行動」ではなく、「人間の行動」を理解するための行動理論が展開されているのである。すなわち、人間の行動変容に影響を及ぼす要因として、生物的因子・状況的因子に加えて自己生成的因子を重視する[5]、イメージや思考過程といった内潜的活動を外顕的な行動と同等に扱う、あるいは、人間が行動をいかにコントロールしているかという制御メカニズムを明らかにする[4・7]といった傾向が顕著になっているのである。また、行動のプロセスにおいて、従来の行動理論では論じられることのなかった「認知」の働きを強調する傾向も顕著なものとなっている。「われわれの問題行動の原因は、人間の外部にある刺激によるというよりもむしろ、われわれの中にある非合理的な信念や誤った思考様式にある」のだというマイケンバウム[6]の指摘が、「認知」が行動を決定するという考え方を如実に語っているといえるだろう。このように、行動の決定因としてわれわれの認知的あるいは内潜的な要因を重要視する考え方は、行動の決定因を「個体」に求めるというよりも、

「個人」の中にそれを求めるものであるといえるだろう。

また、行動理論の範疇には含まれないものの、個人の自由意志を尊重しようとする、いわゆる人間性心理学（humanistic psychology）が隆盛を極めているのも、人間を有機体ではなく「人間」と考え、機械論的な環境依存主義から脱却しようとする同様な動きを反映しているものと考えられる。

(3)　相互決定主義の立場

以上みてきたように、最近になって行動理論は大きく変化してきている。しかしながら、その背景には一つの共通した行動のとらえ方が存在していることがわかる。それは、こちらの考え方においては、行動がいわば従属変数として把握されているということである。すなわち、個体の要因あるいは個人的要因であれ、環境の要因であれ、いずれもが行動を決定するための独立変数であり、それによって行動が決定されると考えられているのである。

ところが現実的には、人間の行動は個人的要因や環境的要因によって一方的に決定されているわけではない。確かに、環境が変化すれば行動には変容が生じるものの、同時に環境の変化は人間の行動によってもたらされているのである。バンデューラの言葉を借りるならば、[1]

行動がそれに随伴するものによって制御されるのは事実であるが、随伴事象は部分的にはその人自身が作り出している。……（中略）……行動は部分的に環境を作り出し、環境は相互的な形で行動に影響する。「随伴事象を変えれば行動が変化する」とたびたび繰り返される意見には「行動を変えれば随伴事象が変わる」という相互的な面を加えるべきであろう。

ということになる。したがって、行動が何によって決定されているかという一方向的な固定された視点ではなく、個人的要因、環境的要因、そして行動という三つの要因が互いに影響を及ぼし合っている一つのシステム（interlocking system）の中で行動を理解するという視点を持つことが、人間の行動を真に理解するためには必要なのである。言い換えるならば、今まで主としてとらえられてきた、行動は従属変数であるという固定化された視点を放棄することが必要なのであろう。

また、このような視点に立つことによって、今まで単に刺激や反応あるいは強化刺激として分析の対象とされてきた事象に関して、現実の社会的な人間関係の中で、個人的要因・環境的要因・行動という三者の相互作用のどこに分析の開始点を置くかによって、多様な分析を行うことが可能となってくる。図Ⅰ-7は、こうした分析の発想を模式的に示したものである。

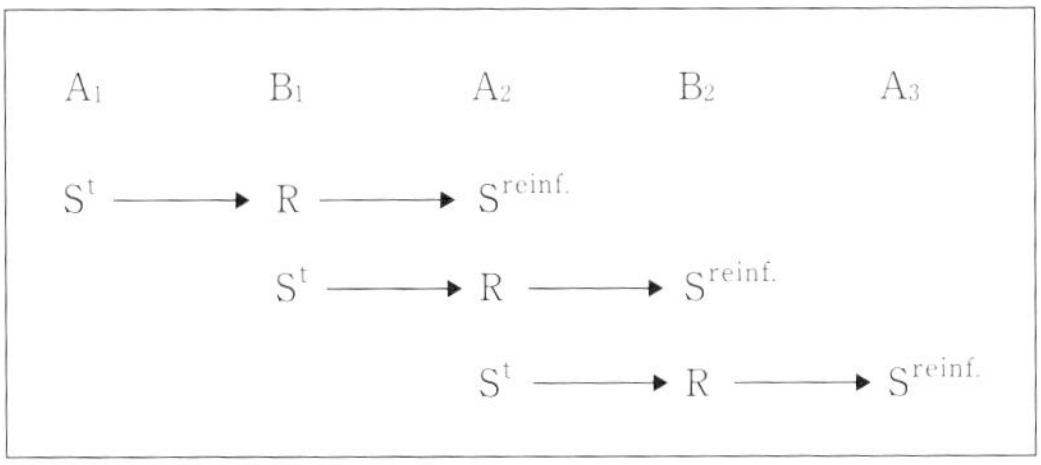

A_1	B_1	A_2	B_2	A_3
S^t →	R →	$S^{reinf.}$		
	S^t →	R →	$S^{reinf.}$	
		S^t →	R →	$S^{reinf.}$

図Ⅰ-7　同一の社会的行動が，分析開始時点の違いによって，刺激，反応，強化因になる過程[2]
A：ある人の反応系列
B：もう一人の人の反応系列
S^t：刺　激
R：反　応
$S^{reinf.}$：強化因

相互決定主義（reciprocal determinism）の考え方とは、右に述べたような、個人的要因・環境的要因・行動の三要因すべてが互いに結びつき、等しく決定因として二方向的に影響を及ぼしていくという視点を、人間の行動の理解に積極的に導入した理論である[1,2]。実験室にとどまることなく、日常の社会生活を営む人間の行動をより的確に理解するために提唱された理論であるということができる。

（4）相互決定主義におけるセルフ・システムの役割

さて、右に述べたような相互関係に注目した視点の下で人間の行動を理解しようとするとき、三つの要因の相互関係を同時に検討していくには、常に大きな困難が伴うものである。そこで現実的には、これら三つの相互的な関係のそれぞれの側面が、心理学のさまざまな領域において個別に検討されることになる。そして、個別的に検討を加えられた内容が再び三つの要因の相互関係という視点から統合されたとき、われわれは真の行動理解に到達することができるといえるであろう。

したがって、行動理論の枠組みの中では、今までに環境的要因と行動との相互的な関係に最も大きな関心が寄せられていたが、相互決定主義の立場に立てば、このような環境と行動との相互的な関係をより適切に理解するためには、先に述べられた三つの要因が互いに影響を及ぼし合っているシステムの中で二方向的に作用しているもう一つの要因、すなわち個人的要因について同時に分析を加えなければならないと考えるのである(3)。ことばを変えるならば、さまざまな刺激を受け、多様な反応を行っている間に、われわれがいったい何を考えているのかという「認知の要因」を探らなければならないと考えるのである。

社会的学習理論では、こうした認知の要因を考えるにあたって、われわれ人間に特有ないくつかの基本的能力を仮定している(3)。それは、「シンボルを使う能力」「未来を考える能力」「代理性の能力」「自己調整の能力」そして「自己反省の能力」である。これらの基本的能力こそが人間を特徴づけるものであり、同時に、人間行動の理解にあたっても決して無視して通り過ぎることのできない要因なのである。そして、こうした人間の基本的能力に裏付けられた「セルフ・システム」に、行動を認知的にコントロールし自己調節する中心的な機能を求めるのである。

ここでいうセルフ・システムとは、従来指摘されてきた、たとえば「自己概念」あるいは「セルフ・イメージ」といった概念と同一のものではない。セルフ・システムはまず、それが先に述べたような人間の基本的能力に裏付けられたものであるということが特徴的である。しかもこれらの能力はいずれも、モデリングや自己強化、あるいは自己

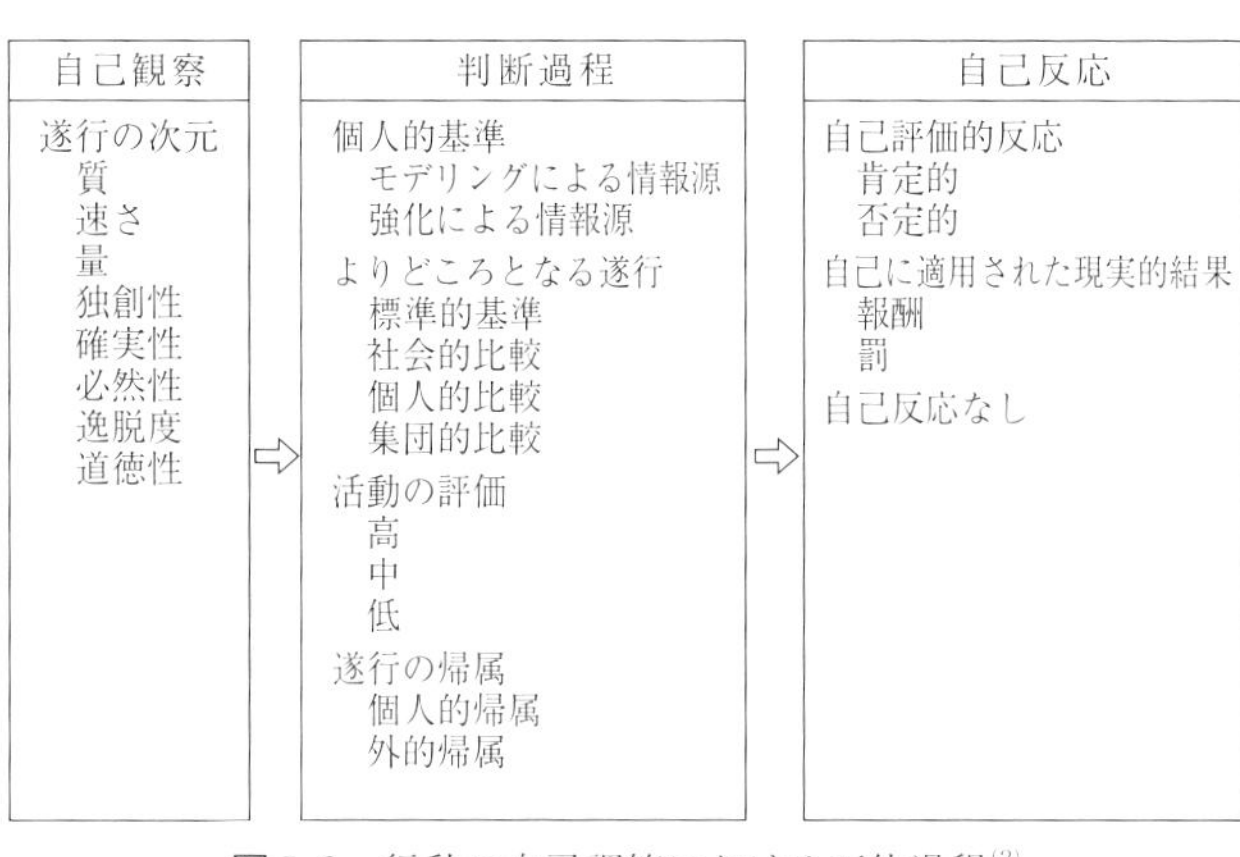

図 I-8　行動の自己調節における下位過程(2)

効力等に関する実験的研究によって検証された客観的な事実として理解されているのである。したがって、セルフ・システムの理解は、個人の自由や責任といった問題までも行動論的に理解することを可能にするのである。

セルフ・システムの第二の特徴は、それが従来の「セルフ・イメージ」等の諸概念のように単に仮定された行動の内的な決定因としてではなく、客観的事実に基づいた具体的な操作を包含した機能体であると考えられている点である。すなわちセルフ・システムは、図I-8に示されているように、自らの行動をさまざまな次元から知覚・観察し、それを個人的あるいは外部からの基準に基づいて評価し、そして再び反応を調整し産出するという一連の操作を含んだ総合的な過程なのである。また、図I-8における自己観察過程の遂行の次元、あるいは評価過程におけるさまざまな基準は、いずれも先行する行動と環境によって相互的に規定されており、同時にそれらは自己反応過程を経て、再び行動と環境に相互的に影響を及ぼしていくという三者の相互的な関係がセルフ・システムにも当てはまることを図I-8から読み取ることができる。

以上のようなセルフ・システムの働きは、相互決定主義の立場では、人間行動をより適切に理解するにあたって最も強調されるところである。

セルフ・システムの機能を実証的に検証することによって、われわれは人間の行動をよりよく理解することが可能になるとともに、今までに数多く蓄積されてきた心理学的知見も一層体系的に把握することができるようになるものと思われる。

〔引用・参考文献〕

（1）Bandura, A. 1977 *Social Learning Theory.* Englewood Cliffs, New Jersey: Prentice-Hall.（原野広太郎監訳　一九七九　社会的学習理論―人間理解と教育の基礎―　金子書房）

（2）Bandura, A. 1978 The self system in reciprocal determinism. *American Psychologist,* 33, 344-358.

（3）Bandura, A. 1982 Model of causality in social learning theory. *JPA Plenary Lecture.*（Kyoto）

（4）春木豊　一九七八　制御行動の理論―教育・治療の基礎としての行動理論―早稲田大学大学院文学研究科紀要　二四、一一―一五

（5）Kanfer, F. H. 1977 The many faces of self-control, or behavior modification changes its focus. In R. B. Sturat（Ed.）*Behavioral self-management.* New York: Brunner/Mazel Inc., pp. 1-48.

（6）Meichenbaum, D. 1977 *Cognitive behavior modification.* New York: Plenum.

（7）Thoresen, C. E., & Mahoney, M. J. 1974 *Behavioral self-control.* New York: Holt, Rinehart & Winston.（上里一郎監訳　一九七八　セルフコントロール　福村出版）

第Ⅱ部
最近のバンデューラ理論

1 社会的学習理論における因果関係のモデル

　人間の行動を理解していくために、これまでに数多くの理論が提唱されてきている。しかしながら、これらの理論によって考察されてきた人間というものの特徴に関する基本的な概念や、行動が起こるときのさまざまな出来事の因果関係の過程に関するいろいろな考え方や仮説というものについては、さまざまな角度から、注意深く検討を加えてみる必要があるように思われる。それぞれの理論では、当面の研究者たちが人間のあるべき姿というものをどのように考えていたかということによって、行動上の機能のある特定の部分だけが強調され、他の部分は全く手が付けられないままで終わっているのである。このようなことから、人間の際立った特徴に関するこれまでの概念を理解していくためには、まずそれぞれの理論では、人間のどのような部分が取り扱われていて、それがどのような考え方に基づいて考察されているのかを、明らかにしておかなければならない。

　たとえば、人間の持つ計り知れない可能性に関する考察の中で、自らを導いていく能力というものを度外視してしまう理論家は、外部環境の影響力というものだけを強調し、結局、人間の行動は外界の出来事によってのみ導かれていくことを見出していくようになる。これに対して、人間は自らを導く能力を持っているのだと考える理論家は、人人がどのようにして自らの持つ力を発揮して、動機づけや行動・動作を導いていくようになるかということに、注目するやり方をとっていくのである。

心理学の理論で取り扱われている人間に特異的な出来事に関する考え方は、哲学的な問題や課題を超えるものである。心理学の研究によって得られた知識が実用化されていくにつれて、社会生活上のさまざまな技術を生み出していくこのような理論は、ますますその重要さを増していくようになる。たとえば「人間の持つ可能性のどの部分が開発されるようになり、またどの部分は退化してしまうことになるのか」ということが、このような理論によって導かれていくのである。このようにして、他の動物にはみられない人間だけが持つ特徴に関するそれぞれの理論家の考え方の内容によって、われわれが、これからどのような人間になっていくかが、（少なくとも理論的には）決まるわけである。ではこれから、社会的学習理論における、このような「人間に特有な行動のメカニズムと、因果関係のモデル」について、考察してみることにしよう。

(1)　三者関係における相互的な規定関係

(1)　一方的な規定関係

人間の行動は、これまでは、主として一方向的な規定関係によって説明されてきた。この関係は図Ⅱ-1によって示されている。そこでは、外部環境（E）の影響か個人の内的な傾向（P）のいずれかが、一方向的に、その個人の行動（B）を引き起こすものと考えられていたのである。ところが、その後次第に、行動に及ぼす影響の二方向性（相互的関連）に関する実証的なデータが積み重ねられていくにつれて、因果関係の相互的なモデルを採用する理論家が増えてきたのである。そして今日では、行動とは個人と環境との影響の産物である、と考えられるようになって

① 一方向的な関係

$B = f(P, E)$

② 部分的に二方向的な関係

$B = f(P \rightleftarrows E)$

③ 相互的な関係

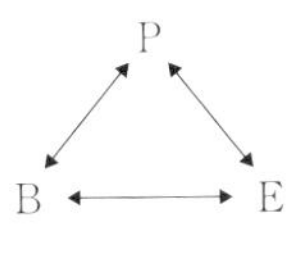

図Ⅱ-1　「個人」（P）とその「行動」（B）と「環境」（E）との間の三つのタイプの関係を図式的に示している。

きている[4,15,18,21]。そしてここでは、もはや相互的な作用関係という考え方というよりも、むしろ、どのような相互作用が起こっているのかということが、論議の中心になってきているのである。相互作用の過程は、図Ⅱ-1にみられるように、少なくとも、三つの異なった考え方によって概念化されてきたのであり、このうちの二つの考え方（①と②）は、行動にとっては片側的な（相互）作用を示しているにすぎない。

(2)　一面的な相互作用関係

相互作用の一方向的な考え方では、個人と環境とは互いに独立のものとして取り扱われ、（何ら特別の相互関係を持つことなく）両者が組み合わさって行動を引き起こしていく。したがって、一方向的な因果関係のモデルは、人間の行動の過程を適切に説明しているわけではない。それは、個人と環境の要因というものが、それぞれ独立に行動の規定要因として働いているのではなく、互いに規定し合って行動に影響を及ぼしていくからなのである。

図Ⅱ-1にみられるように、相互作用に関する「部分的に二方向的な考え方」（②）では、個人と環境とが互いに影響を及ぼし合うものであることを認めている。しかし、そのような（行動に対する）相乗的な影響というものは、一つの方向に向かってのみ作用するものと考えられており、二方向的な個人と環境との相互的な変化が行動を引き起こすものではあるが、行動そのものはそのときの個人と環境との変化に、何らの影響をも及ぼすものではないと考えられているのである。このような考え方には大きな欠点があるということは、行動をしていない個人と環境との結びつきによっては行動は引き起こされるものではない、という事実を考えてみれば、容易にわかることである。このように、個人（P）が環境（E）に影響を及ぼすのは、まさにこのような自らの行動（B）によってであり、このようにして影響を受けた環境が、個人の思考や情動反応や、そしてまたその個人の行動そのものにも影響を及ぼしていくようになるのである。このようにして、（図Ⅱ-1の③にみられるように）行動は、個人の認知的要因や環境とともに相互に多角的に影響を及ぼし合う規定要因となるのであり、個人的認知的要因やその他の内的要因と環境とのかかわり合いに何らの役割をも果たすことのない、付属的な産物ではないのである。

(3)　三者間の相互的関係

社会的学習理論では、このような三者間の相互的な関係に基づく相互作用の概念が用いられている[2,6]。このような相互的な規定関係のモデルでは、行動と認知的要因（個人の要因）と環境の三者のすべてが互いに結びつき、等しく規定要因として、二方向的に、影響を及ぼしていくのである。しかしながらここでいう相互性ということは、三者の影響が常に同等の力を持つということを意味するものではない。また、互いの影響の起こり方や大きさが、相互的な因果関係において、一定に定まっていることを意味するものでもない。互いに結びついた規定要因のシステムを構成しているこれらの三つの要素（そして、その影響の起こり方というもの）は、行動と個人と環境のいずれかが変われば、そのときの状況に応じて、いつでも臨機応変に変化していくものなのである。

このような三者間の相互的な関係のすべての側面を同時に研究していくということは、非常に困難なことである。そのために、心理学のさまざまな分野において、このような相互的関係の三つの側面が別々に研究されていくのである。このようにして、さまざまな細かいシステムの間の相互的な結びつきを、一つ一つ明らかにしていくことによって、より大きなシステムが、どのようにして働いていくのかということを、よりよく理解していくことができるようになるのである。個人の思考過程と行動との間の相互作用を探究していく認知心理学者は、個人が持つ概念や信念や自分自身についてのイメージ、そして意図というものが、どのようにして行動を形作り、方向を与えていくのか、ということを見極めようとしているのである。言い換えるならば、個人が考えたり、信じたり、感じ取ったりしていくことが、その個人の行動の仕方に影響を及ぼしていくのであり、またこのような個人の行動の環境に及ぼす効果が、個人の考え方や情報反応の現われ方を規定していくようになるのである[5・14・27]。

これに対して社会心理学者は、個人と環境との間の相互的な関係の問題に、特別な関心を寄せてきている。すなわち、個人の思考や感情や行動へのコンピテンスが、他人つまり環境によるモデリングや教授や説得によって、どのように変わっていくかということを明らかにしようとしているのである。さまざまな個人の容貌や外観や社会的役割や地位などによって、社会環境に対する反応はさまざまに変化していくものである。互いに認知し合うことが、二人の人間のあいだの相互作用の起こり方に影響を及ぼしていく過程というものは、対人認知を研究している人たちの主要なテーマになってきている[32・35]。

このような三つの規定要因の結びついたシステムの中では、行動と環境との相互関係というものが、まず、人々の関心を集めてきた。事実、行動を説明する際に、多くの理論家たちが、相互性のこのような側面にもっぱら注目してきたのである[33]。日常生活では、行動することによって環境条件が変わり、次いで、その作り出された環境条件そのものによって行動が変化していくのである[18・28・39]。しかしながら、このような行動と環境との間の相互的な関係を完全に理解するためには、三者が結びついたシステムの中で二方向的に作用するもう一つの要因、すなわち個人の認知的要因について理解していかなければならないのである。そのためには、個人が環境に反応したり、反応の効果を経験していくときに、「どのようなことを考えているのかということ」を、探ってみる必要があるわけである。

(4) 相互的な規定関係と、人生における偶然の要因

個人の行動を規定する三つの要因の間の相互作用という観点から相互規定関係を解明していくことによって、個人がたまたま遭遇する日常生活の出来事によってどのような影響を受けたり、またどのような影響を与えたりしていくのかを、明らかにしていくことができる。しかし、個人が日常生活でたまたま遭遇するそのような出来事には、偶然の要素があることを見逃してはならない。個人は、往々にして、偶然の巡り合わせによって、さまざまな人々と出会うものである。そのようなことがなければ、個人の人生は、決してさまざまな人々の人生と交わることがなかったはずである。ある個人が他の個人と何らかの機会に出会うとき、それぞれの個人が歩んでいる人生行路には、それぞれ異なった一連の相互的な規定要因が働いているのである。しかしこの二人の人間の交わりは、いずれかのあるいは双方の周到な計画に基づいて起こるのではなく、むしろ、偶然に起こるものである。それぞれの個人のさまざまな連鎖の出来事が広がっていくことによって、このような偶然の交わりに対する計り知れないチャンスが生じてくるようになる。このようなチャンスによる出会いというものが、それぞれの専門的な職業の選択や、結婚相手の選択や人生における さまざまな重要な出来事の過程において、大きな役割を演じているのである(7)。

偶然の出会いというものは、それぞれの人間に短い間のほんのちょっとした影響しか与えない場合もあれば、長続きのする大きな影響を与えることもあり、またさらに、それぞれの人間を新しいさまざまな人生行路へと導いていくこともある。心理学では、思いがけない出会いが起こることを予知することはできないが、そのようなことが起こることを通して、一人一人の人間の行動に関する知識を深めていくことができるのである。しかしながら、このような

だれも予知することのできない人生の側面や、偶然の偉大な影響力によって人生が多様化されていくことなどによって、さまざまな人間のそれぞれ異なった特徴を持つ人生の行き方が、容易に予知することも社会的に操作することもできなくなっているということは、否めない事実である。しかしながら、このようなさまざまな影響が偶然に起こるということは、行動は規定されるものではないということを意味するものではない。それはむしろ、偶然の影響は、予知することのできないものであるかもしれないが、いったん起こってしまうと、必然的な出来事と同じように、一連の因果関係の有力な要因の一つとなる、ということを意味しているのである。

個人の際立った特徴や、社会環境の構造や、ある特定の集団への所属などが、ある種の出会いを起こりやすくしていることは事実である。そしてこのようなこと以外には、心理学では、偶然の出来事が起こるときの様子について、あまりよくわかっていないのである。しかし心理学の知識は、このような偶然の出来事が、個人の生活にどのような影響を及ぼすようになるかを予測する、さまざまな手がかりを、与えてくれるのである。すなわち、ある個人の持つ認知的特徴と環境の内容（すなわち、他の個人の持つ特徴）とが互いに作用し合って、偶然の出会いというものが彩られ、互いの人生がさまざまな内容に作り上げられていくようになる様子が明らかにされていくのである。この間の事情については、すでにほかの論文で詳しく述べてきたとおりである。(7)

(5) 個人の自由と、相互的な規定関係

哲学的な考察では、自由というものは、往々にして、行動に対する個人の要因と環境の要因との相互規定関係とは対立するものであり、両者は互いに相容れないものと考えられている。しかしながら、社会的学習理論では、「個人の自由」と「個人と環境との相互規定関係」とは、互いに両立するものなのである。それは自由というものが、だれからも影響を受けないことであるとか、他人からの圧力がないというような、消極的なものではなく、むしろ互いに

自分自身が影響を与えていくというような、積極的なものと考えられているからである。このような自由とは、自分自身の考えや基準に従って判断し、自分が使うことのできる技能や行動の仕方を決定して、自分自身に影響を与えていくやり方を持つことによって獲得することができるものなのである。つまり自由とは、自分自身に影響を与えていくということであり、このような自らが与える影響というものは、外的な環境の要因による影響と同様に、個人の行動に相対的に（すなわち、相互規定的に）作用していくのである。したがって、同じ環境条件の下でも、行動からのフィードバックを取り入れて、柔軟性に富んださまざまなやり方をすることができ、自らの行動の自己調整に精通している人ほど、より多くの自由を持ち、それだけ環境（すなわち他人）との間に相対的な関係を持つことが、できるようになるのである。自由に関する何らかの測定が可能であるということは、このように自らが影響を与えていくことが、行動に相互規定的に作用していくからである。

人間の行動に関する相互規定関係の考え方は、個人の責任とも相容れないものではない。行動とは、常にさまざまな個人の可能性の中から、そのときの環境の状況に応じて、自分にできることを選択していくことなのである。たとえば、ある特定のやり方で行動しなければならないような状況に直面しても、それぞれの人間は自分自身の影響力を働かせて、他人とは違ったやり方で行動することができるし、またそのようなやり方で行動することを選ぶものなのである。明らかに、環境の要因は行動を規定する唯一の原因ではなく、行動条件の内容を形作る作用に、因果関係を与えていくものの一部分にすぎないのである。このように、個人は、環境の要因が、どのように自らの行動に影響を与えていくかを、ある程度コントロールすることができるので、自らの行動に対する責任を全く放棄することはできないのである。したがって、人間はだれでも、自分の行動の原因には、少なくとも何らかの責任がある、ということができるのである。

(2) 人間に特有な能力

社会的学習理論では、人間は、自分自身の内的な力のみによって動かされ、行動していくものと考えられるのではなく、また、環境によって与えられる外的な刺激によって自動的に形作られたり、制御されたりするものでもない。すでに考察してきたように、人間とは、認知過程・環境・行動の三つの要因が互いに結びついたシステムの中で、ある一定の環境条件を踏まえて、自分自身の思考過程や行動の過程に、相互的な影響を及ぼしていくものなのである。このような状況の中で、人間の行動は、さまざまな「人間に特有な基本的能力」というものによって、形作られていくのであり、このような能力についてこれから考察していくわけである。

(1) シンボルを使う能力

シンボルを使うというすばらしい能力によって、人間は、日常生活のほとんどあらゆる面において、自らの行動を作り出したりコントロールしたりする、強力な手段を持つようになってきている。人間が、一時的なはかない経験を、未来の行動の目安となるような、すばらしい行動様式の図式（内的なモデル）へと変化させていくことができるのは、このようなシンボルを使う能力があるからである。シンボルを巧みに使用することによって、人間は、自分たちの生活経験に、同じような意味や形態や持続性（恒常性）を与えていくことができるようになる。そして、自分たちの知識や思考力に頼って、新しい行動を営んでいくことができるのである。たとえば、その場でできることをやってみたり、間違ったやり方を直すのに苦しんだりすることだけに頼って問題を解決していくのではなく、人間は、可能な解決法をシンボルを用いて調べてみて、行動を開始する前に、予測される結果に基づいて、さまざまな解決策を選択していくことができるのである。シンボルを用いた、すばらしい柔軟性のある、高度な認知力によって、人間は感覚を通してなされる経験以上のアイデアを持つことができ、時間的にも空間的にもどんなに離れていても、互いに他人に意思を伝え合い理解し合うことができるのである。これから述べるこのような特徴以外の人間に特有なさまざまな性質も、みな同様に、シンボルを用いる能力に基づいてみられるようになるものなのである。

人間が、自分で考えたことに基づいて、さまざまな行動を営んでいるということは、必ずしも人間が常に客観的・合理的であるということを意味するものではない。それは、このような思考過程というものが推理する能力に基づくものではあるが、そのような能力が常によく発達していたり、効果的に使われているとはかぎらないからである。つまり論理的にはどのように推理するかがわかっていても、適当でない不正確な情報に基づいて推理したり、行動の選択に必要なさまざまな環境条件のすべてを十分に考えることをおろそかにしたりするときには、人間は誤った判断をするようになるものである。さらに人間は、往々にして、自分自身の認知過程での出来事や、他の人間が織り成す環境の出来事について、誤った概念を導くような事柄や事象というものを、正しく読み取っているとはいえないのである。主観的には合理的に思われる誤った概念に基づいて行動していると、そのような人間は、他人には全くの愚か者であるか、あるいは思考能力のない人間であると思われてしまうものである。このようにシンボルを使って考えるということは、人間が成し得るすばらしいことでもあるし、また思いがけない失敗や避けがたい苦悩の源でもあり得るのである。

このような思考過程が、どのように行動を規定していくかを明らかにすることは、心理と生理の関係の基本的な問題に触れることになるであろう。社会的学習理論では、思考作用は高次神経活動の過程と考えられ、その過程の働きによって、内臓諸器官の活動や運動・動作系やその他の生理的過程が活性化され、それらが全体として思考作用に影響を与えていくものと考えられているのである。したがって、思考作用とか神経の働きということは、同じ脳・神経活動の生理・化学的な過程を二つの違ったことばで表現していることであり、このことは精神・身体の同一性を唱える理論家たちが、長年にわたって主張してきたことでもある。このように、思考活動は生理・化学的な出来事をもたらし得るものであり、実体のないものではないのである。ちなみに、大脳皮質の神経細胞で起こる、可塑的な、一連の物理・化学的変化としての認知の過程に関する詳細な分析がなされることによって、有機体としての分析がなされるようになり、このような有機体としての人間の、特殊化された、細かな、システム間の相互作用に関する生理心理学的メカニズムが、解明されてきているのである[17]。

時間的にも空間的にも大きな広がりを持つ認知過程と、大脳皮質の可塑的な神経活動とは同じものであるという考え方は、認知機能の心理学的な法則が、神経の生理・化学的な法則に還元されなければならないなどということを意味するものではない。実は、全くその逆であって、大脳皮質系の個々の部分的な働きと、それをさまざまな異なった目的のために編成していく個人の認知的・社会的な全体的過程というものは、明確に区別していくことが必要なのである。ある人が学習しているときに、たとえその人の大脳皮質の神経細胞がどのように働いているかがわかっていたとしても、そのことによって、どのようにしたらその人に教授者の意図（教示の内容など）を最も効果的に伝えることができるかということや、記憶表象としてより良く銘記させるためには、そのような教示の内容をどのように記号化していったらいいかということや、また学習課題に注意を集中させ、さまざまな情報を処理させて、練習に励んでいくことができるようにするためには、どのように動機づけていったらいいかということなどについて、よくわかるわけではないのである。つまり、脳がどのように働いているかを理解することはできても、必要な技能を養うための適切な学習条件を、どのようにして作り上げていったらいいかという原理を、つかむことができるわけではないのである。

複雑な人間の行動の基礎を成している神経活動というものを引き起こす出来事は、個人という有機体にとっては外的なもの、つまり外部環境での出来事であるか、あるいは内的なもの、つまり認知的に作り出されたものである。したがって、心理学の法則は、有機体の活動の一定の目的に対する外部環境の構造化や、そのような環境に認知的な影響が与えられていく過程に関するものである。このような社会的認知心理学の法則は、それ自体を支えている化学的神経生理学の法則の内容と、異なったものであり得るはずはないのであるが、当然それはそれ自体として、異なった方法論の下に、明らかにされていかなければならないものである。ここでもし、われわれが還元主義の道を歩むとするならば、そのような道は、生物学、生理学、生化学、物理化学の領域を次々と通り抜けて、しまいには、原子核の粒子論にまで立ち至ることになるであろう。そしてそこには、人間行動の心理学的な法則を生み出すような中継点も終着点も、見出すことはできないのである。

(2)　未来を考える能力

人間という有機体は、身近な外部環境への単なる自動反応装置でもなく、また、自らの過去の産物によって操られているものでもない。言い換えるならば、人間の行動には、空間的にも時間的にも大きな広がりがあり、とりわけ未来を志向する目的があるのであって、人間行動の大部分は、このような未来を考えることによって制御され調節されていくということができるのである。つまり人間は、自分がこれからしようとしている行動がもたらすであろう結果を、あらかじめ考えておくことができるので、自らの目標を一つ一つ設定して、より良い未来を導くための一連の行動を計画していくことができるのである。このように、より良い未来を考えるということによって、人間は自分自身を動機づけ、将来のあるべき姿というものを明確に予測して、自らの行動を導いていくのである。このようにして、ごく身近な外部環境の影響力を最小限度にとどめることによって、現在の外的なあるいは内的な条件が特に有効な望ましいものばかりでなくても、このような未来を考えるすばらしい能力によって、慎重な行動を維持していくことができるのである。そして、このような意図的・目的的に行動することができる能力というものは、いうまでもなく、シンボルを用いて行われるさまざまな活動に根ざしているわけである。

　未来の出来事そのものが現在の行動の原因として作用するなどということは、あり得ないことであるが、未来の出来事に関する認知的なイメージというものは、現在の行動を下から揺り動かすような強力な影響を与えていくものなのである。やがて起こるであろう未来の出来事に関する望ましいイメージは、そのような出来事を実現させるようなタイプの行動を促進するようになるのであり、やがて起こるであろうすばらしい出来事をイメージすることによってそのような未来の出来事というものは、現在のより良い行動を動機づけたり、調節したりしていくのである。このように、将来の目標や現在の努力の結果というものを手がかりにして、目的的・意図的行為のメカニズムを社会的学習理論の側面から考察していくと、現在に認知的に反映されていくことによって、未来は、原因として作用するようになることがわかる。人間が持つ思考過程の媒介があってはじめて、未来の結果（への展望）は現在の行動に大きく影響するようになるのであって、どのような行為が報酬を与えられ、あるいは罰を受けるのであるかということがわかるまでは、結果だけでは、何らの行動変化ももたらされることはないのである[1,16]。人間の行動が、それ自体のもたらす効果によって、どのような影響を受けるかということは、さまざまな要因によって決まることである。すなわち、そのような効果の起こり方を支配している法則に関する自分自身の判断や、そのような効果の意味づけや、さらにまた、時間が経過していく中で、自分の現在の行動が、未来の出来事を、どのように変えていくであろうかということに関する推理や期待などによって、決まることなのである[2,12,20]。

　たとえば、安易な推理による期待が現実と異なるときには、しばしば、経験の繰り返しによって現実的な期待ができるようになるまでは、現在の行動は、それ自体がもたらす結果によってほとんど支配されることはないのである。しかし、ここで注意しなければならないことは、現実的な期待の方向へ変化していくのは、必ずしも個人一人の行動だけではないということである。つまり、ある人が誤った期待に基づいて行動していたりすると、他人の行動をも変化させることになるわけで、その結果、他人つまり社会の（人々の）現実の動きが、その人の考え方の方向へ（つまり、その人が期待した誤った方向へ）変化していくことになるからである[35]。

(3) 代理性の経験を利用する能力

伝統的な心理学の理論では、一人一人の人間が自ら反応をして、その効果を経験することによってのみ、学習は起こるものと考えられてきた。このように、先行経験を通しての学習というものが、もっぱら取り上げられてきたのである。しかし現実の生活場面では、直接経験によって起こるほとんどすべての学習は、他人の行動や、そのような行動の自分たちに対するかかわり方を観察することによって、つまり代理性の経験に基づいて、起こっていることを見逃してはならない[2・29・30]。人間には、他人の行動を観察することによって学習していくすばらしい能力があるので、長い間かかって試行錯誤することによって少しずつ学習していくことなく、行動の法則や統制のとれたやり方を獲得することができるのである。われわれ人間にとって、費やすことのできる時間や、使用できる手段や、身体の動かし方などには大きな制約があるので、直接経験することのできる状況や活動の種類には、かなりの限界があるものである。自らの知識や技能を拡大させるために、人間は、社会的なモデリング（他人をお手本にすること）によって、つまり他人が表現したものや他人が書いたものなどから、自らの行動の法則や統制のとれた能率的なやり方に関する、莫大な量の情報をつかみ取ることができるのである。

このようなモデリング――つまり観察学習によって、獲得過程を短縮し発達期間を有効に過ごすということは、人間という社会的動物の発達と生存にとって、なくてはならないことである。誤った行動は高価な代償を支払うことになるし、また、取り返しのつかない結果を招くことにもなるので、試行錯誤の結果だけに頼って学習するのであれば、生存への見通しはまことにおぼつかないものとなる。このような理由から、成功と失敗の経験を積み重ねた努力の結果から適切なやり方を見つけ出させることによって、子どもに泳ぎ方を教えたり、初心者に航空機の操縦法を教えたり、見習いの医学生に手術の仕方を教えたりはしないはずである。起こり得るミスが取り返しのつかないものであり、危険なものであるほど、行動のオーガナイゼーションにとって、観察学習への依存度はそれだけ大きなものとなるわけである。

人間は、他の動物とは異なり、ごく限られた生得的な能力しか持たないで生まれてくるものである。したがって、出生後の驚くべき可塑性（学習可能力）というものが、発達機能に過大な要求を持ち込むことになるわけである。人間は生後長い間かかって、自らの基本的な能力を発達させていかなければならないし、一生を通じて、必要に応じた新しいコンピテンスを獲得し続けなければならないのである。このようなことから、人類が高度の代理性の経験を利用する能力を進化させてきたということは、別に驚くべきことではないのである。生存にかかわる人類一般に共通した問題に加えて、さらに、さまざまな異なった文化での生活様式の特徴を示す大人たちの行動が、自分たちの利害にはかかわりなく、ありとあらゆる行動を選択的に強化していくことによって、ある一定の文化に属することばや行動様式や価値観や習慣などというものを、一人一人の（その文化の）新しい成員となる子どもたちに教え込んでいく社会的伝達過程というものは、このような人類のみが持つ「高度の代理性の経験を利用する能力」に依存するものなのである。

心理学の大部分の理論というものは、コミュニケーション・テクノロジーが現在のような大きな発展をするかなり

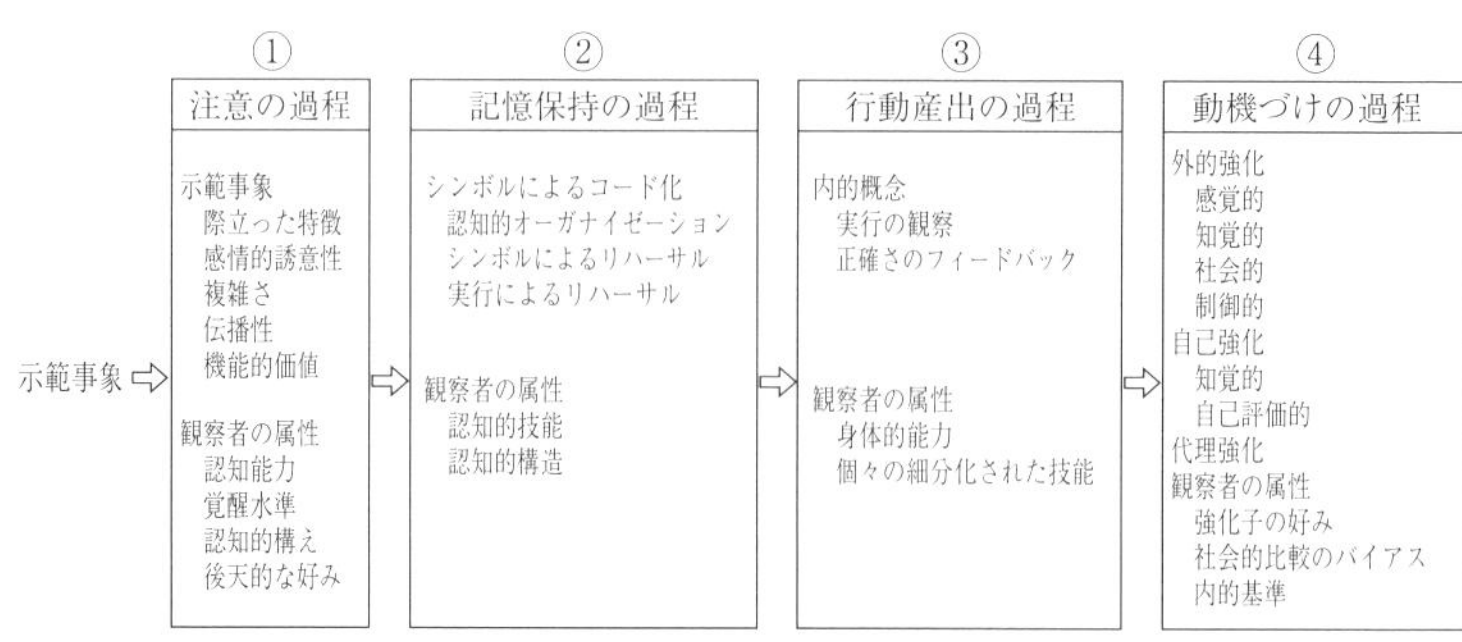

図Ⅱ-2　観察学習（モデリング）が行われるときの，四つの段階的な過程を示している。

以前から、作られていたものである。したがって、当然のことながら、現代の人間生活において、シンボルが織り成すさまざまな環境の出来事が果たしている計り知れない大きな役割というものに、十分な注意を払ってこなかったのである。このようなこととは裏腹に、実に、現代生活の多くの面で、テレビ・録画放映などを通しての代理性の経験による影響というものが、直接経験の持つ重要性に取って代わってきているのである。思考様式であれ、特定の価値観や態度であれ、あるいは行動様式そのものであれ、現代における人間生活はますます、そのような代理性の生活環境をモデルにしていくようになってきていることを、見逃すことはできないのである。

最近の技術文明の進歩は目覚ましく、遠距離通信衛星に接続されたビデオ装置は、シンボルが織り成す情報環境をますます拡大させていく強力な手段となってきている。現代における相互的な二方向的コミュニケーションを可能にする通信網の進歩や、莫大な情報伝達機能を持つレーザー方式や、巨大な記憶能力を持つコンピューター・システムなどの進歩が、ありとあらゆる目的のために役立つ、さまざまなシンボルによる認知的情報を、各家庭にもたらしているのである。コミュニケーション・テクノロジーのこのようなすばらしい進歩によって、われわれ人間の生き方が作り変えられつつあるのである。このことから、シンボルによる認知的な情報環境の多様性と選択の容易さとが、一人一人の人間の発達の過程を作り上げていく、あのすばらしい自らの命ずるところに従って行動する能力というものに、大きな活動の余地を与えていくことになるわけである。

社会的学習理論では、観察学習は、図Ⅱ-2にみられるような四つの内容を持つ過程から成り立っている。日本の研究者たちによって、このような内容を持った学習の過程に関する理解が、さらに一段と深められてきている[36,37]。

まず第一の「注意の過程」によって、豊富なモデリングの影響を受けながら、何が選択的に観察されるか、そして、どのような情報が現行の示範事象から抽出されるかが決まってくる。注意の過程は、ただ単に、偶然に与えられる感覚情報を吸収するという受動的な過程ではなく、むしろ積極的に、自分から注意を向けて環境を探索していくことや、現行の示範事象のさまざまな出来事の中から、意味のある知覚内容を「つかみ取る」過程なのである。このような能動的な選択的注意の過程は、観察者つまり学習者があらかじめ持っている思考内容によって導かれていく。つまり、観察者の認知的なコンピテンスや知覚的な構えなどによって、あるものが（他のものよりも）より良く（より多く）捜し求められていくわけである。このようにして、観察者の推理や期待の内容は、自らが捜し求めているものに道を開くだけではなく、観察によってどのような特徴を抽出するかということや、見たり聞いたりすることをどのように解釈するかということなどにも、多かれ少なかれ影響を与えていくのである。

人間は示範される事象や出来事を観察しても、もしそれを記憶していなければ影響を受けることはないはずである。したがって、観察学習の第二の大きな副次的機能は、「保持の過程」に関するものである。「記憶保持の過程」は、さまざまな事象に関する情報を変換したり、再構成したりする能動的な過程を含むものである。そして観察者の活動は、主としてイメージ的なものと言語的なものという二つの概念形成過程のシステムに依存して行われる。このようにして、示範活動がイメージやすぐに利用することのできる言語記号にコード化された後で、これらの概念は観察者のさまざまな行動を導いていくようになるのである。ここでは、認知的なリハーサルもまた、重要な記憶の助けとして役立っている。もし示範事象の記号的な概念が、最初に観察されたときにリハーサルされなければ、記憶から失われてしまう危険性があるからである[10]。

観察学習の第三の副次的機能である「行動産出の過程」では、シンボルによる概念が適切な行動を導いていく。行動の産出は、主として、動作や反応からのフィードバックが概念のモデルと比較される過程、すなわち概念マッチングの過程を通して行われる。このようにして行動は、モデル概念と動作・遂行との密接な対応を導くように、対比的な情報に基づいて変容していくのである。したがって、適切な概念のモデルが形成される前に動作からのフィードバックがなされても、そのようなフィードバックは、行動変容にとって、あまり役に立つものとはならないのである[19]。このように、比較したり調整したりするために役立つ内的な概念に欠陥があると、動作のフィードバックが行動を修正していくために役立つ度合いが、低下してしまうことになるわけである。

観察学習の第四の副次的機能は、「動機づけの過程」である。社会的学習理論では、新しい行動様式の獲得と動作の遂行とは明確に区別されており、そのような区別が強調されるのは、人間が学習することは何でもすべて実際の動作に現われるとはかぎらないからである。示範事象を観察することによって学習された行動が実際に行われるようになるためには、外的強化、代理強化、そして自らが作り出す自己強化という、三つの主要な強化のモードの影響を受けることが必要なのである。学習された行動が、無報酬や罰の効果よりも、観察者自身の欲求の充足にとってより効果的な結果をもたらすときには、観察者はそのような行動をより多く示すようになるものである。このように、観察によって得られる代理的経験の影響というものは、試行錯誤による直接経験の影響と全く同じように、学習された行動が実際に行われるようになるために、必要なのである[2・38]。ちなみに、他人がやってうまくいったり報酬を与えられたりした示範行動を見ることによって、同じようなやり方で行動する傾向が増加し、逆に失敗したり罰を与えられたりした示範行動を見ることによって、そのような行動をする傾向は減少するようになるわけである。このような観察された行動の結果が観察者にもたらす影響というものは、いうまでもなく、示範された行動をすると、同じような結果がもたらされるであろうか、あるいは、違ったことが起こるであろうか、という観察者自身の「判断」や「推理」に依存するものである。そしてさらに、観察者が自分自身の行動に対してする自己評価的反応によっても、観察によって学習されたどの行動が実際に行われるようになるかが決まってくるのである。[22] このように、人間は、自分の欲求が充足されるであろうと思うことを実際に行うようになり、自分の欲求を妨げると思われるものを排除していくのである。

(4)　自分自身を調整する能力

社会的学習理論のもう一つの際立った特徴は、自分自身を調整していく機能というものに重要な役割を与えていることである。個人はただ、社会環境の影響を受けたり、他人の要求に応じたりして、それに見合った方向に行動しているのではなく、一人一人の人間の行動の大部分は、内的な基準に基づいて行われているのであり、動作に対する自己評価的な反応によって動機づけられ、調整されていくものなのである。このことから、人間の行動は、自らが生み出した内発的な力というものを、規定要因の一つとして持つようになるものと考えられるのである。

図Ⅱ－3は、学習者自身の内的な基準によって、自分自身による強化が行われ、行動の自己調整がなされていくときの、三つの段階的な過程を示している。最初の過程は、そのときの状況にとって適切な次元で、自分自身の行動を選択的に観察するということである。次いで、このような選択的に観察された行動は、さまざまな副次的な機能に支えられた判断の過程を経て、自己評価の反応を生み出していくのである。そして、このときの副次的な機能というも

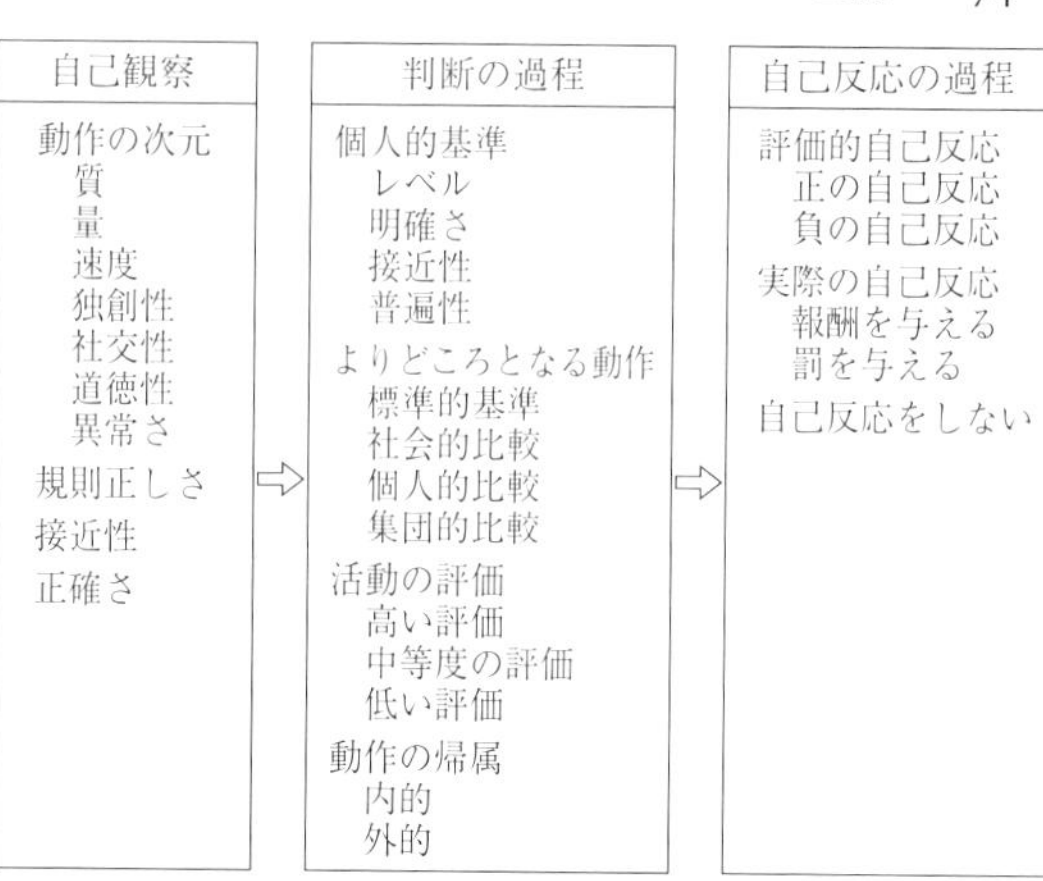

図Ⅱ-3　「内的基準」と「自分自身」による「強化」によって行動の「自己調整」が行われていくときの，三つの段階的な過程を示している。

のは、観察された行動を自分自身の内的な基準や他人の行動などと比較したり、自分がしている行動を評価したり、また、それぞれの段階での動作に影響を及ぼす、自分自身の内的な要因や外的な環境の要因を、認知的に評価していくことなどから、成り立っているのである。このようにして、自分自身の行動を観察したり評価したりすることによって、自らが生み出す判断の影響というものが、さまざまな行動の過程に効果的に作用するようになっていくわけである。そして、この場合の自分の行動は「望ましいものなのだ」という判断は「正の自己反応」を引き起こし、逆に、「望ましくないのだ」という評価は「負の自己反応」を強化していくことになるのである。このような自己評価によるさまざまな強化は、行動を自動的に促進するものというよりも、むしろ、「動機づけの要因」として作用していくものである[2・24]。たとえば、ある人が一定の基準を持っていて、はっきりした目標に向かって専念しているときに、自分が実際にやっていることと自分が成し遂げたいと思っていることとの間に大きな隔たりのあることがわかると、その人は「自己不満」を抱くようになり、そのような隔たりをなくす方向へと動機づけられていく。このようにして、不十分な達成への自己不満と十分な達成を予期した自己満足との双方が、行動への動機づけの要因として作用していくわけである。

自分が持っている内的な基準と照らし合わせながら行動を評価していく過程には、このような自分自身の「個人的な基準」と、現在自分が行っている「動作のレベルに関する知識」とが必要である。基準のない動作の知識も、動作に関する知識のない基準も、自己評価の過程にとっては何ら役に立つものではなく、したがって、動機づけの効果を持つものとはならないのである。[8] ここで注目したいことは、自分が持っている「内的な基準」と現在自分が行っている「動作のレベル」との間の負の方向への食い違いが、動機づけの要因として作用するようになるか、あるいは、その逆の効果をもたらすようになるかということは、どのような思考内容によって決まるのであるか、ということである。まず最初にいえることは、それぞれの個人が自ら立てた目標を成し遂げることに対して、どのような考え方(期待や判断)を持つようになるかということが、重要な要因となっているということである。このような「期待」や「判断」(つまり、自分の力で成し遂げることができるのだと思うようになるか否かということ)は、いうまでもなく「自己効力」の働きによって決まることである(第Ⅱ部・3「自己効力の探究」参照)。弱い「自己効力」(つまり、低い「効力感」、小さな「達成への可能感」、少ない「自信・意欲」)を持つ人間は失敗によってくじけやすいし、逆に、自分の能力を確信していて強い「自己効力」を持つ人間は、自分の動作が足りなければ、より一層努力して、成功するまで努力し続けるようになるものである。このような認知的な過程に関する研究を通して、動機づけに対する目標や基準を設定していくシステムの効果が、実際に、「自己効力」や「自己評価」のメカニズムによって起こるようになることが、明らかにされてきているのである。[9] すなわち、ある人が自分が判断する基準を下回る動作に自己不満を抱いていたとしても、自分が決めた目標を達成することへの「自己効力」が高く、大いに自信があるときには、このような目標を設定するということは、最も効果的な動機づけの要因となるのである。

社会的学習理論では、最終的な大きな目標とそれに到達する以前の個々の小さな目標とを区別して考えることにしている。それは最終的な目標というものが、どのような方向に向かって活動していったらよいかを決めるときにはなくてはならないものであるが、そのときそのときの個々の行動を強化したり動機づけたりしていくことにとってはほとんど役に立たないからである。つまり、最終的な大きな目標というものは、時間的にみてあまりにも遠い未来に属するものなので、現在の努力をむしろ減退させてしまい、弱いものにしてしまうからである。したがって、人間をより能率的に効果的に努力するようにさせ、現実的に今ここで成すべきことをより効果的に導いていくものは、ごく近い将来に必ず達成することのできる個々の小さな副次的な目標なのである。未来への憧れとして抱く最終的な大きな目標を一歩一歩着実に達成させていくための、このような中間的な小さな目標は、成し遂げることも比較的容易であり、したがって、より長続きのする自分自身による動機づけに対する、最も望ましい条件を作り出していくわけである。このようなごく身近な目標に向かってなされる行動への「自分自身による動機づけ」の要因が、コンピテンスを養い、「できるのだということについて自らが描くイメージ」を拡大させ、その後の一連の行動への内発的な興味を育てていくことになるのである[11]。

自分の行動に対する社会的なそして道徳的な基準を自分自身の力で設定した後で、このような基準が達せられないときに起こる自分自身を非難する反応は、その後のさまざまな望ましくない行動に対する引き止め役として作用するようになるものである。しかしこのような自己調節的な能力の発達だけに頼って、個人の内部に一定の制御機構ができ上がるものではない。それは、自己評価による調節機構というものは、何らかの要因によって活性化されなければ実際には働かないものなのであり、さまざまな要因が、このような内的な制御のメカニズムを選択的に活性化したり不活性化したりすることに関与しているからなのである。このようなメカニズムのおかげで、自己評価の反応はさまざまな起こり方をするようになり、望ましくない行為が無視されるようにもなるし、あるいはまた、そのような行為

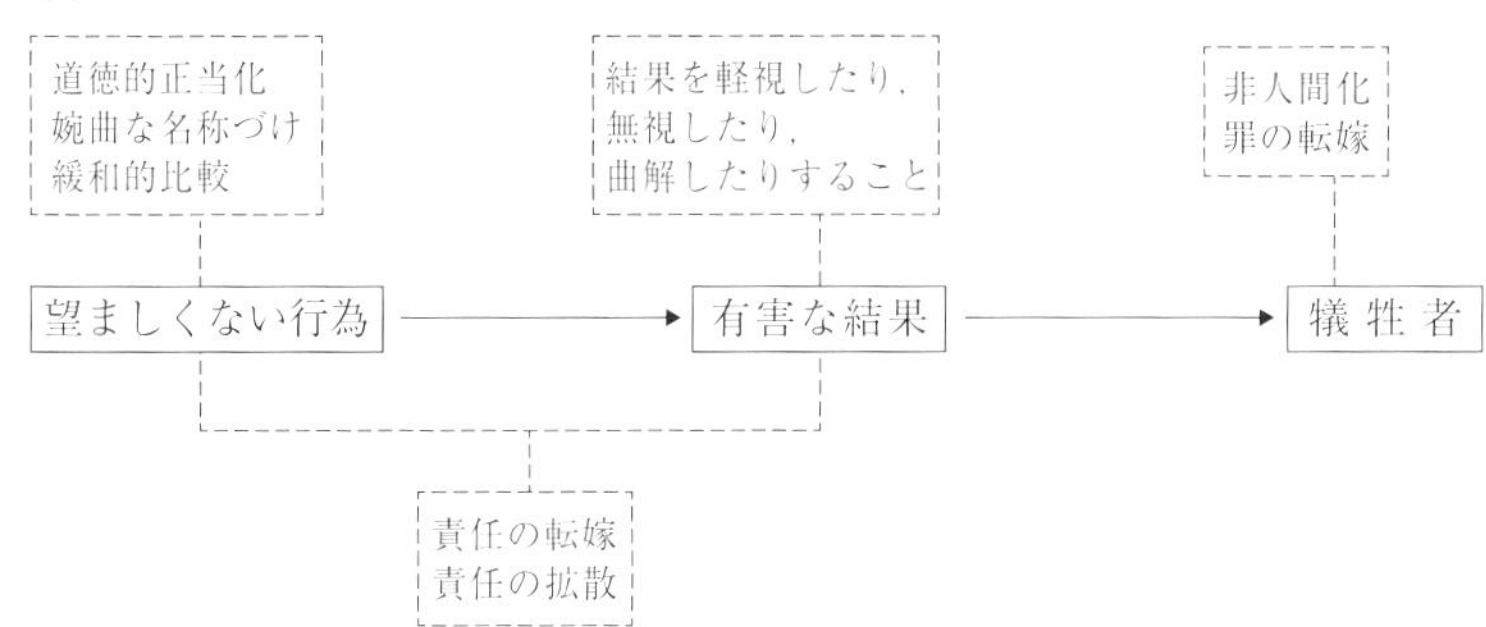

図Ⅱ-4　内的な制御のさまざまな段階で，「望ましくない行為」が「自己評価の影響」を受けないようになる過程を示している。

が助長されるようにもなるのである。図Ⅱ-4は、内的な制御のさまざまな段階で、そのような望ましくない行為が、自己評価の影響を受けないようになる過程を示している。だれにでも非難されるような望ましくない行為が、自己評価の影響を受けないようになるのは、まず動作のレベルにおいてである。すなわち、明らかに自分の利益だけを考え、他人の欲求の充足を妨げるような動作を、道徳的な目的にかなうものと考えるような「道徳的正当化」によって、また、そのような非難さるべき動作に尊敬に値するような評価を与える「婉曲なことばを用いること」によって、さらにまた、「より望ましくない動作との有利な比較」などによって、さまざまな非難さるべき行為が名誉あるものに作り変えられていくのである。次いで、そのような行為は、一つ一つの動作そのものがもたらした望ましくない結果との間の関係をあいまいなものにして、責任を転嫁したり拡散させたりすることによって、自己評価の影響を免れるようになっていくのである。悪い行為を自分から慎むということは、そのような悪い行為が、容易に否定したり無視したりすることのできるものであるときには、なかなか難しいことのようである。このように、望ましくない行為そのものを無視したり、そのような行為の結果に「偽りの説明」を加えたりすることによって、「自ら制止する力」が弱められていくのである。「望ましくない行為」が「自己評価の影響」を受けないようになる、さらに別のやり方は、周囲の人々から非難されている人物に自分の罪を転嫁したり非人間化したりすること（つまり他人を犠牲にすること）によって、自分の罪を免れることである。このように「自己調節機能」は、さまざまな要因によって、選択的に活性化されたり非活性化されたりして変化していくものなので、一人一人の人間が持つ「内的な調整機能」が、常に自らの有害な行為や他人のそのような行為から身を守ってくれるとはかぎらないのである。

(5)　自己反省の能力

特に際立った人間の特徴があるとすればそれは、反省的な自己意識を持つ能力である、ということができる。このような能力によって、人間は自らの行動体験を分析し、自分自身の思考過程について考えていくことができるのである。日常生活でのさまざまな経験や自分が知り得た事柄についてよく考えていくことによって、自分自身やまわりの出来事について、相関連した総合的な知識を持つことができるようになる。また、人間はよく考えることによって、ただ内外の状況を理解していくだけではなく、自分の考えを評価し変化させていくことができるのである。自ら反省して、自分自身の考えをまとめていくために、人々はそれぞれの持つ考えをよく見極め、それに基づいて行動し、あるいは行動の起こることを予想し、行動の結果から自分たちの考えの正しさを判断し、それに基づいて望ましくない考えを変えていくのである。このような認知的変容活動は、その大部分が正しい考え方や行動の仕方をはぐくむためのものではあるが、また同時に、相互的な因果関係によって、偏見のような、誤った考え方をもたらすようになることもあるのである。すなわち、誤った望ましくない信念に基づく、おしつけ的な行為というものが、しばしば、他人の行為を認めようとしない態度や偏見を導くような、社会的効果をもたらしていくのである[34]。今世紀の前半にみられたナチズムの動きや、今なお残る人種差別の弊害は、このことを如実に物語っている。

このようなことから、われわれの日常の行為に影響を及ぼすさまざまな認知的活動の中で、いろいろな異なった現実の出来事を効果的に処理していくことのできる自らの能力に関する正しい判断ほど、重要な機能的価値を持つものはないということができるであろう。このような判断によって生ずる自己効力（自信・意欲）のメカニズムが、人間の行動において中心的な役割を演じているのである。[3・5] 行動を営むために必要な能力に関するこのような自らのさまざまな判断は、われわれの行動の仕方や考え方やさまざまな生活状況を判断するときに経験する情動反応の大きさなどを、直接に規定する重要な要因として作用していくものなのである。このことはいうまでもなく、われわれは日常生活において、どのような行動をすることができるのか、そしてそれをどれだけ続けていくことができるのかということを、常に判断していかなければならないことを意味している。ちなみに、自分の能力に関する誤った判断（すなわち、誤った自己効力）に基づいて行動していると、思わしくない結果をもたらすことになるので、常に、自分自身にできることとできないこととを正確に判断して、自分の能力を正しく評価していくということが、非常に大きな機能的価値を持つことになるのである。

われわれ人間が、何をするかを選択するということや、自分の行為にどれだけの努力をつぎ込んでいくようになるかということや、思わしくない出来事に直面してどれだけそれに屈しないでいられるだろうかということなどは、このようなことについて、自分自身が描くイメージ（自己効力のイメージ）に基づいて行われていくことである。このような認知的過程（すなわち、ほかならぬ自分自身のさまざまな能力を正確に判断し評価していくこと）によって、人間は環境の出来事を予想したり、実際にそのような出来事を処理して、行動を営んでいくことができるのである。たとえば、自分は社会や他人の要求にうまく対応していくことができないのだと思ってしまっている人間は、自分の個人的な至らなさ（社会的適応のもどかしさ）をくよくよといつまでも気にしていて、自分の能力を実際以下に評価してしまい、実際よりももっと大変な困難な事が起こるかもしれないなどと、考えている人間なのである。[13・23・25・31] このような自分の本当の能力を知らないことによって起こる自分自身に対する疑いの念が、ストレスとして作用するようになり、失敗や不幸な出来事や心配事を、どのようにしたら最も効果的に克服していくことができるだろうか、というような前向きな考え方から注意をそらしてしまうことになり、そして遂には行動そのものを駄目にしてしまうのである。これに対して、いつも力強い自己効力を持っている人間は、たとえ不幸な出来事に直面しても、常に一定の環境条件の下で必要なことに注意を向け、努力し、困難に立ち向かって一歩一歩努力していくようになるものである。

自己効力をはぐくむための自分自身の欲求や能力に関する判断は、それが正確である場合であっても、間違っている場合であっても、常に次のような四つの大きな情報源に基づいて行われていくのである。

① 自分自身の努力によって実際に達成された活動。

② 他人の活動を観察することによって得られた代理性の経験。

③ 自分は、本当はそのようなことをやりたがっているのだ、そして、自分には〞のようなことができるのだ、ということを、他人から直接、〝ことば〟によって説明されたり、他人の〝活動や態度〟から間接的に感じ取ったりするという社会的な影響。

④ 自分自身の意欲や能力や性格的な特徴などを、さまざまな角度から判断していくときのよりどころとなるような、情動的覚醒の水準やその他の生理的反応の状態。

自分の能力や意欲に関する自己評価が行われるときには、このような互いに異なった情報源は、価値観や充足感といったような自分が常によりどころとしている考え方によって処理され、統合され、評価されていかなければならないのである。このような考え方に基づいて、「できるのだということについて自分自身が描いたイメージ」に導かれた行動がなされると、現実に役立つコンピテンスをはぐくむような成功感やあるいは失敗の体験が、もたらされるようになるのである。個人がさまざまな行動を成功裡に営んでいくときのよりどころとなるような自分自身に関する知識は、その大部分がこのような反省的な自己評価によって得られるものなのである。

ここで注意しなければならないことは、自分自身の考え方や行動を反省するときに変化していくものは、自分自身に関する理解（すなわち自我像というもの）ではなく、自分が営む行動の展望なのであるということである。このように日常生活において、われわれ人間は自分の考え方に基づいて行動した後で、その考え方がいろいろな出来事を処理するために、どれだけ役に立っていたかを反省してみるわけである。しかしこのように、考えたり、反省したり、また、そのときの知識や思考力や行動のやり方の適切さを評価したりしていくのは、常に同じ自分自身なのである。そして、このようにして自分が営む行動の見通しが変わったからといって、自分自身が変わっていくわけではないのである。このように人間は、まさに、自分自身のオリジナルな一連の行動を営んでいくと同時に、自分自身の経験をも反映していくものなのである。

(6) 偉大な可能性を持つ人間

社会的学習理論では、人間の特徴は、偉大な可能性を持っているということであり、そのような計り知れない可能性は、物理・化学的なある一定の限界内において、直接経験や代理的経験（観察学習）などによって、さまざまな形に作り上げられていくものである。人間の際立った特徴が、その出生後のすばらしい可塑性にあるということは、人間が（それ自体）何ら特徴を持っていないとか、形のないものとして生まれてきた、ということを意味するものではない[26]。人間が内発的に持っている可塑性というものは、長い年月を経て進化してきた神経生理学的なメカニズムや構造に基づくものである。このような系統発生の歴史を経て、われわれ人間は、記号化された情報を処理したり保持したりして、巧みに利用していくことのできる高度に発達した脳・神経組織を作り上げ、人類としての際立った特徴のある知的能力というものを、勝ち取ることができたのである。このような能力によって、人間はシンボルを作り出したり、未来を予想したり、自らの行動を評価して自己調整したり、反省的な自己意識を持ったり、シンボルを用いて互いに意思の疎通を図ったりすることができるようになったのである。

人間に可塑性があるということは、人間の行動が、全くそのときの経験のみによって決まる、ということを意味するものではない。他の動物と同じように、人間でも、ある程度の生得的にオーガナイズされた行動様式は備わっているのであり、それらのいくつかは生まれたときにすでにみられるが、他の行動様式はある程度成熟した後にみられるようになるものである。したがって、泣いたり、乳を吸ったりすることを赤ん坊に教えたり、よちよち歩きの子どもに歩き方を教えたりする必要はないわけである。また、代謝物質の欠乏や不快な出来事によって起こる生理的な欲求の不満を、動機づけの要因として使うことを教えたり、それに見合った生理的な報酬や罰（一次性の強化）を与えたりする必要もないわけである。幼児はまた、やがて、選択的な注意の能力を持つようになるものである。このような基本的な生理機能や心理機能を営むための神経細胞内のプログラムは、遺伝情報として核酸分子の構造の中に蓄えられてきた、先祖代々の経験の蓄積によるものなのである。

人間行動の大部分のパターンの特徴は、他の動物にみられるような、すでに出来上がってしまっている「生まれつきのプログラム」によるものではなく、それはむしろ、個々の行動経験を通してオーガナイズされていくものなのである。人間の思考作用や行動様式の発達は、その大部分が、経験を通して行われていくのであるが、遺伝情報に基づく生得的な要因が、あらゆる種類の行動の表われ方に、ある程度はみられるものである。つまり神経内部の核酸分子の構造を介して、遺伝的要因は行動の可能性に影響を与えていくわけであり、生後の生活環境による経験の要因と生得的な分子構造による遺伝の要因とが、共に巧みに働き合って、われわれの行動を規定していくわけである。そして、もちろんのこと、生理的な発達と心理的な発達のレベルとが、その時々の学習の内容を規定していくわけである。しかしながら、人間にこのような偉大なものになり得る「ユニークな能力」があるのは、人間のみが持つ、あのすばらしい「可塑性」と「認知力」の賜物なのである。

〔引用・参考文献〕

（1） Bandura, A. 1969 *Principles of behavior modification*. New York: Holt, Rinehart & Winston.
（2） Bandura, A. 1977a *Social learning theory*. Englewood Cliffs, N. J.: Prentice-Hall.
（3） Bandura, A. 1977b Self-efficacy: Toward a unifying theory of behavioral change. *Psychological Review*, 84, 191–215.
（4） Bandura, A. 1978 The self system in reciprocal determinism. *American Psychologist*, 33, 344–358.
（5） Bandura, A. 1982a Self-efficacy mechanism in human agency. *American Psychologist*, 37, 122–147.
（6） Bandura, A. 1982b The self and mechanisms of agency. In J. Suls (Ed.), *Psychological perspectives on the self* (Vol. 1). Hillsdale, N. J.: Erlbaum.
（7） Bandura, A. 1982c The psychology of chance encounters and life paths. *American Psychologist*, 37, 747–755.
（8） Bandura, A., & Cervone, D. 1982 Self-evaluative and self-efficacy mechanisms in the motivational effects of goal systems. Unpublished manuscript, Stanford University.
（9） Bandura, A., & Cervone, D. 1983 Self-evaluative and self-efficacy mechanisms governing the motivational effects of goal systems. *Journal of Personality and Social Psychology*, 45, 1017–1028.
（10） Bandura, A., & Jeffery, R. W. 1973 Role of symbolic coding and rehearsal processes in observational learning. *Journal of Personality and Social Psychology*, 36, 122–130.
（11） Bandura, A., & Schunk, D. H. 1981 Cultivating competence, self-efficacy, and intrinsic interest thorough proximal

self-motivation. *Journal of personality and Social Psychology*, 41, 586–598.

(12) Baron. A., Kaufman, A., & Stauber, K. A. 1969 Effects of instructions and reinforcement-feedback on human operant behavior maintained by fixed-interval reinforcement. *Journal of the Experimental Analysis of Behavior*, 12, 701–712.

(13) Beck, A. T. 1976 *Cognitive therapy and the emotional disorders*. New York: International Universities Press.

(14) Bower, G. H. 1975 Cognitive psychology: An introduction. In W. K. Estes (Ed.), *Handbook of learning and cognition*. Hillsdale, N. J.: Erlbaum.

(15) Bowers, K. S. 1973 Situationism in psychology: An analysis and a critique. *Psychological Review*, 80, 307–336.

(16) Brewer, W. F. 1974 There is no convincing evidence for operant or classical conditioning in adult humans. In W. B. Weiner & D. S. Palermo (Eds.), *Cognition and the symbolic processes*. Hillsdale, N. J.: Erlbaum.

(17) Bunge, M. 1980 *The mind-boby problem: A psychobiological approach*. Oxford: Pergamon Press.

(18) Cairns, R. B. (Ed.). 1979 *The analysis of social interactions: Methods, issues, and illustrations*. Hillsdale, N. J.: Erlbaum.

(19) Carroll, W. R., & Bandura, A. 1982 The role of visual monitoring in observational learning of action patterns: Making the unobservable observable. *Journal of Motor Behavior*, 14, 153–167.

(20) Dulany, D. E. 1968 Awareness, rules, and propositional control: A confrontation with S-R behavior theory. In T. R. Dixon & D. L. Horton (Eds.), *Verbal behavior and general behavior theory*. Englewood Cliffs, N. J.: Prentice-Hall.

(21) Endler, N. S., & Magnusson, D. (Eds.). 1976 *Interactional psychology and personality*. Washington, D. C.: Hemisphere.

(22) Hicks, D. J. 1971 Girls' attitudes toward modeled behaviors and the content of imitative private play. *Child Development*, 42, 139–147.

(23) Lazarus, R. S., & Launier, R. 1978 Stress-related transactions between person and environment. In L. A. Pervin & M. Lewis (Eds.), *Perspectives in interactional psychology*. New York: Plenum Press.

(24) Locke, E. A., Shaw, K. N., Saari, L. M., & Latham, G. P. 1981 Goal setting and task performance: 1969–1980. *Psychological Bulletin*, 90, 125–152.

(25) Meichenbaum, D. H. 1977 *Cognitive-behavior modification: An integrative approach*. New York: Plenum Press.

(26) Midgely, M. 1978 *Beast and man: The roots of human nature*. Ithaca, N. Y.: Cornell University Press.

(27) Neisser, U. 1976 *Cognition and reality: Principles and implications of cognitive psychology*. San Francisco: Freeman.

(28) Patterson, G. R. 1976 The aggressive child: Victim and architect of a coercive system. In E. J. Mash, L. A. Hamerlynch & L. C. Handy (Eds.), *Behavior modification and families*. New York: Brunner/Mazel.

(29) Rosenthal, T. L. 1982 Cognitive social learning theory. In N. S. Endler & J. McVicker Hunt (Eds.), *Personality and the behavior disorders* (rev. ed.). New York: Wiley.

(30) Rosenthal, T. L., & Zimmerman, B. J. 1978 *Social learning and cognition*. New York: Academic Press.

(31) Sarason, I. G. 1975 Anxiety and self-preoccupation. In I. G. Sarason & C. D. Spielberger (Eds.), *Stress and anxiety* (Vol. 2). Washington, D. C.: Hemisphere.

(32) Schneider, D. J., Hastorf, A. H., & Ellsworth, P. C. 1979 *Person perception* (2nd ed.). Reading, Mass.: Addison-Wesley.

(33) Skinner, B. F. 1974 *About behaviorism*. New York: Knopf.

(34) Snyder, M. 1980 Seek, and ye shall find: Testing hypotheses about other people. In E. T. Higgins, C. P. Herman & M. P. Zanna (Eds.), *Social cognition: The Ontario symposium on personality and social psychology* (Vol. 1). Hillsdale, N. J.: Erlbaum.

(35) Snyder, M. 1981 On the self-perpetuating nature of social stereotypes. In D. L. Hamilton (Ed.), *Cognitive processes in stereotyping and intergroup behavior*. Hillsdale, N. J.: Erlbaum.

(36) Sukemune, S. 1981 *Basic factors and learning modes in observational learning by children*. Unpublished manuscript, Hiroshima University.

(37) Sukemune, S., Haruki, Y., & Kashiwagi, K. 1997 Studies on social learning in Japan. *American Psychologist*, 32, 924-933.

(38) Thelen, M. H., & Rennie, D. L. 1972 The effect of vicarious reinforcement of imitation: A review of the literature. In B. H. Maher (Ed.), *Progress in experimental personality research* (Vol. 6). Ner York: Academic Press.

(39) Thomas, E. A. C., & Malone, T. W. 1979 On the dynamics of two-person interactions. Psychological Review, 86,

331-360.

2 観察学習

もし知識というものが、ただ自分自身の活動した結果のみから得られるものだとすれば、認知的・社会的発達はかなり遅れてしまうだろうことは、いうに及ばない。時間や手段や運動の持つ制約から、直接に探求可能な状況や活動のタイプは、かなり限定されてしまう。何らかの情報もないとなると、直接経験のときでさえ、多くの努力が負担の多い誤りや不必要な苦労に費やされてしまう。幸運なことに、人間行動の多くはモデリングを通して観察的に学習される。他者を観察することから、行動のルールが形成され、後の機会にこの記号化された情報が活動を導くことになる。

近似的な形ではあるが、少なくとも手本から行動を学習できるので、行動を遂行する前に誤った努力や苦労をしないで済んでいる。観察による学習能力により、他者が示し、発案した、広範な情報源を引き出すことができ、知識や技能が拡大する。多くの社会的学習は他者の実際の遂行とその結果を観察することによって促進されるのである。しかしながら、モデリングの特別な力は、象徴的モデルを介在して、多数の人々に対し広範で応用可能な知識を同時に伝達できるところにある。言語的にあるいは映像的に表現された行動の概念作用を利用することによって、観察者は自分自身の直接的な環境範囲から抜け出ることができる。

心理学の伝統的理論は、学習が、ただ反応を遂行し、その結果を経験することによってのみ生じ得ると仮定してきた。活動を通しての学習はしたがって、最優先されていた。人間は進化し、進歩した代理的能力を持つに至った。実質的には、直接学習に基づくすべての学習現象は、他者の行動とその結果を観察することによって代理的基礎の上に生じるのである。

心理学のほとんどの理論はコミュニケーション工学上の偉大な進歩が実現するかなり以前に理論化されたものであった。その結果、象徴的環境が人間生活に果たす役割がますます強力になっていることには、十分に注意が向けられていなかった。四つのコミュニケーション工学上の急速な進歩は、人々への影響や、生活の様式を全く書き換えるだろう。それらの変化は次のことに関係している。

——象徴的環境を拡大するための遠隔通信衛星

——二者間コミュニケーションを可能とするケーブル・システム

——どんな目的にも役立つような象徴的環境を作るための巨大な貯蔵能力を持つコンピューター伝達システム。象徴的環境の多様性と即座の選択は自己指向性に余地を与え、人間の発達過程に影響を与える。

コミュニケーション工学上のこのような顕著な変化は、生活を営む仕方を非常に強烈に変えるだろう。——われわれの仕事、買物、業務遂行上の相互交渉、教育、娯楽、互いの影響。新しい形の象徴的・代理的影響は、かなり観察学習の力に依存したものである。

観察学習は四つの成分過程に支配されている。

「注意過程」は示範された活動の探索や知覚を調整している。「保持過程」を通して、つかの間の経験は記憶表象として保持され、反応再生の内的モデルや反応修正の基準として使われるために象徴的概念作用に変換される。「行動産出過程」は成分を成す行為の新しい反応パターンの体制化をコントロールしている。そして誘因あるいは「動機づけ過程」は観察的に獲得された行動が遂行されるか否かを決定する。

(1) 注意過程

まず注意過程について考えよう。適切なモデルの活動に注意を向け、正確に知覚しなければ観察によって多くのことを学習することはできない。注意過程は多くのモデリングの影響の中から選択的に観察されるものを決定し、いま行われている示範事象からどんな情報が引き出されるかを決定する。したがって、選択的注意は観察学習にとって重要な下位機能の一つである。

認知的決定因　注意過程は生体に偶然に入ってきた感覚情報を単に取り入れるといった事柄ではない。むしろそれは、自己指向的な環境の探索やいま行われている示範事象から意味ある知覚を構成することである。観察者の持つ認知能力、知識構造や知覚セットは観察者に他のものよりあるものを捜すようにし向ける。観察者の期待は、見るものにチャンネルを合わせるばかりか、観察からどんな特性を取り除くかに影響するし、観察者が見聞きすることをいかに解釈するかに影響する。認知的要因はしたがって、知覚にほとんど含まれているのである。

機能的価値　環境と接するうえで、示範された活動の価値は多様である。したがって成功した行動は、効果的でない行動よりも注意をひきやすい。多くの選択的注意は、他者によって取り扱われたものと同じ状況を取り扱わねばならないというような考えによって維持されている。示範された技能や方略がもたらす予想される利点は、他者がどんなふうに行動するかに注意を払う誘因となることである。

観察された結果　いま行われている活動への注目の程度は、直接的に経験した活動と同様、他者への反応結果によっても影響を受ける。報酬という結果を生むモデルの遂行にはかなり注意するが、何ら特記すべき効果のないものは無視する。他者の行動が注意過程を通して観察学習を高めるよう働くことができることは、ヤッセンによって示されている。モデルの反応が報酬を与えられたり罰せられたりすることをみることは、いずれもモデルが何をしているのかへ子どもの注意を向けさせる。子どもがモデルの行動へ長く注意すればするほど、子どもの観察学習のレベルはより高くなる。観察された罰は観察された報酬と同様に、観察学習を促進するのに効果的である。

注意的手段によるモデリングの促進　観察学習の遅れは認知の仕方、不完全な先行学習、注意をそらせる先入観や不十分な誘因から起こる注意の欠如によって生じる。そのような場合には、示範された活動へ注目し、関与を高めるのに多くの手続きが使用できる。観察者の注意は、行動の主な特徴を物理的に強調することによって導くことができる。注意を向けるためのナレーションは、何が重要であるかに注意を向けるのに役立ち、また示範された遂行がまさに一つの例であるような活動について一般的方略を明らかにするのに役立つ。うまいモデルとへたなモデルとの対比は、優れた演奏の識別しなければならない側面をより認識させるのにうまい工夫である。複雑な活動を自然な分節に分けて別々に下位技術に注目させることは、全体の遂行をまとめて示すよりもより良い観察学習となるだろう。

交際のネットワーク　さまざまな注意決定因の中で、社会的交際のネットワークは明らかに主要なものである。普通、交際している人たちは、自分の好みであれ他からの強制であれ、繰り返し観察され、その結果、十分に学習された行動パターンのタイプを決定する。社会が社会的に体制化される方法は、そのメンバーがすぐに手にすることのできるモデルのタイプを決定する。

テレビジョン　社会へテレビ技術を持ち込んだことは、いま手にし得る行動のモデルに主な変化をもたらした。

それは、間接的な社会生活の輪を超えることを可能としている。テレビ化された表象から自分自身の社会の中の異なる部分の行動様式や価値を学習する。同様なことが他の文化にもいえる。

(2) 保持過程

もし示範された活動を思い出すことができないとすれば、観察によって受ける影響はたいしたことはない。観察学習を支配する第二の主要な過程は、示範された活動の保持に関係している。観察者が他者の行動から利益を得るためには、示範された情報が象徴的な形で記憶に表象されねばならない。象徴化の進歩した能力こそが人間を観察によって多くの行動を学習可能にするのである。

学習者は観察したことを、示範された活動の本質的な特性や構造をとらえている象徴に変換する。観察学習と保持は、容易に思い出される形で、多くの情報を運ぶ象徴的変換によって支えられている。

示範された情報は、言語的記述、概念化、ルール、命題の形でイメージや言語象徴に記号化される。

リハーサル　象徴的リハーサルは観察学習と保持を促進する。示範された事象は認知的に再現される一方、それらは想起を助ける意味ある記憶コードに意味的に精緻化され、変換され、再体制化される。加えて、記号化された情報をリハーサルすることは、それが付加的な認知的処理を生じないにせよ、記憶痕跡に影響することによって保持を改善することができる。しかし、長期記憶におけるリハーサルの促進的効果は反復そのことよりもむしろ、保持された情報に対して記憶方略を適用することによっている。

社会的学習研究の結果は、観察学習と示範された活動の保持における認知的要因の重要性を強調している。モデルのパターンを記号化もせずリハーサルもしない観察者は、見たことを本質的に何も保持しない。反対に、示範された事象を記号化し、その行動が再構成されるように象徴的記号化を心で繰り返すものは、優れた観察学習を達成する。それらの研究において、外的モデリングの入力はほとんど予測的価値を持たない。観察者の構成した象徴的記号化こそ、高い精度で示範された活動がマスターされ、いかにうまくそれらが時間を超えて保持されるかを予測する。

(3)　運動再生過程

観察学習の第三の下位機能は、運動再生に関係したものである。概念的表象は反応産出のための内的モデルとなり、反応修正の基準となる。運動再生には、主に活動からのフィードバックが概念モデルと比較される概念一致過程を含んでいる。もし必要なら活動は、概念作用と活動との間の近似的一致を達成するよう変容される。再生の欠陥はいろいろな原因から生じるであろう。もしガイドする内的概念作用が不適切であるなら、不完全なモデリングになるだろう。観察学習の率やレベルは一部、成分技能の利用可能性に依存している。成分としての下位技能を持っていると、学習者はかなり新しい行動パターンを産出するようにそれらを統合できる。しかしもし下位技能のあるものが欠けていると、運動再生は不完全だろう。

見えないものを見えるようにする　学習上の共通の問題点は、自分自身の行動を十分観察できないことである。視覚的にモニターできないものを正確に遂行することは困難である。協応的技能、たとえば水泳などにおいては、遂行者はいま行っている自らの反応を全くといっていいほど見ることはできない。遂行の初期の段階では、学習者が必要とされるパターンに従っていると終始思い込んでいるけれども正しくない反応をやっているということがある。このことは社会的行動にも同様にいえる。しばしば対人的状況で彼らが言ったりしたりするとき、その行動を再生してみて驚かされることがある。

運動再生が概念の獲得や自己観察の適切なタイミングによってかなり促進されることは、視野の外でなされる遂行の研究で明らかにされている。カロルと私は最近一つの実験を行った。それは頭の後ろにラケットを持って、複雑な腕の動きを実行するものであった。観察者は自分でその活動を実行するとき、テレビのスクリーンで自分を見る場合と見ない場合とについて、それを再生産するよう試みた。

——第一群は全く視覚的フィードバックはなかった。

——第二群は初期の試行で視覚的フィードバックがあるが、後の試行ではない。

——第三群は初期の試行で視覚的フィードバックを受けなかったが、後の試行で彼らが行っていることを見ることができた。

——第四群は彼らがやっていることをすべての試行で見ることができた。

時々、その活動に関する象徴的概念を持っているかどうかを測定したが、それは正しいと信じる順序に活動の一コマ写真を配列させたのである。

学習者は、自分がやっていることを見ることができなかったり、ビデオ・モニターで活動を観察できてもその活動の適切な概念の表象を形成する前であると、示範されたパターンの正確な産出を達成することはほとんどできない。基準として働く概念がなくては、学習者は視覚的フィードバックを正しく利用できない。学習者が活動パターンを概念化した後に、活動を観察できるとかなり正確な遂行が促進されたのである。

フィードバックはもし遂行者がそれに依存しているままだとしたらほとんど価値のないものであろう。というのは、活動はそのようなフィードバックが与えられない条件で実行されねばならないからである。バレエのダンサーは鏡の前で練習するが、後には鏡なしで実行しなければならない。われわれはそのような転移が起こることを発見した。概念が視覚的に導かれた実行に変換された後には行動は、視覚フィードバックがなくても正確に実行され続ける。
最も情報的で効果的なフィードバックは、修正のためのモデリングである。このアプローチにおいて――それはテニス・演劇・バイオリンの技巧にせよ、指導される技能獲得に幅広く使われる――十分に実行されなかった部分が見極められ、それらを正しく遂行する方法が、その技能を持つ人によって示範される。そして学習者は、それらをマスターするまでそれらの下位技能を練習する。

(4) 動機づけ過程

観察学習の最後の下位機能は動機づけ過程に関係している。社会的学習理論は獲得と実行とを区別している。というのは、学習したことをすべて実行しないからである。十分に示範された活動を実行する能力を獲得しているし保持しているが、それらをたまにしかあるいは全く実行しないものである。学習と実行との開きは、獲得された行動がほとんど機能的価値を持っていないか罰の危険にさらされるものであるとき、最も起こりやすいようである。正の誘因が与えられれば、観察学習の以前には表現されないままだったものが促進され活動に移行する。

観察的に学習された行動の遂行は三つの誘因――直接的、代理的と自己産出的な誘因――によって影響される。行動の遂行が無報酬か罰であるときよりも価値ある結果に導くとき、示範された行動を表わすようになる。モデリングに対する外的な誘因はさまざまな形をとる。すなわち物質的利益、歓楽的感覚刺激、正の社会的応答、それに示範された技能を利用することによって、生活の中に起こる出来事に影響を及ぼし得る管理である。

観察された結果はまさに同じ方法で、示範された行動の採択に影響する。観察的に獲得されたたくさんの行動の中で、他者にとって効果的であると思われる行動は、負の結果をもたらす観察された行動より好まれる。

人は他者を喜ばせるために行動しない。多くの行動は自分自身の行動に対する内的基準や自己評価的応答を通して動機づけられ調整されている。自らの活動に生じたこの評価的応答は、また観察により学習された活動のどれが遂行されるかを調整している。自己満足に思えることを行い、個人的に不満なことは拒否する。

行動主義的分析　行動主義者の模倣の理論では、一致反応が学習されるためには反応が遂行され強化されねばならない。しかしながら、観察学習の最も一般的な形は、示範を見ている間、観察者はどんな行動も遂行しないし、どんな強化も受けないし、その行動を遂行するときには、どのように行動するかの手がかりを与えるモデルはいないのである。示範された行動は、それが遂行される前に象徴的な形で学習されるのである。

先行刺激は、活動上の形態を十分に説明しないし、また行動はその直接的結果によって影響を受けないという証拠が増えつつあり、オペラント理論家はますます人間行動の説明を〝強化歴〟に訴えている。しかし模倣行為をいくたびも強化されてきた成人が、それらを容易に思い出せる象徴に記号化し、その象徴を認知的にリハーサルしないかぎり、なぜ複雑な示範された行為を学習し保持できないかを強化歴では説明できない。いかに過去の事象が知覚され、いかにその情報がいまの活動を導くものとして表象され再活性化されるかを理解するのに最も貢献するのは認知的研究である。

強化のないモデリングに即時強化を見出そうとして、あるオペラント理論家たちは反復された連合によって行動の類似性そのものが強化的性質を獲得するという見解を提出した。それらが内的に報酬されるために模倣するのだと主張した。しかしながら多くの研究の結果は、子どもたちは他の多数の模倣が強化されると報酬のない反応も模倣したが、それは社会的要求のためであって、類似性が内的に強化したためではないことを示した。内的報酬の説明はついに排除された。

行動の類似性は模倣の先行的弁別手がかりであるというゲバーツの考えもまた説明が困難である。パートンが指摘したように、行動の類似性は模倣反応が遂行されてやっと出現するので、類似性は模倣行為の先行手がかりにはできない。ゲバーツは効果の後に原因を置いていることになる。

模倣行動から生じる結果を予測するのは、反応類似性そのものよりむしろ情報的手がかりである。そのような予測手がかりに基づいて、観察者は模倣行動を調整するための結果期待を形成するのである。調整メカニズムは結果の予測であって条件づけられた類似性ではない。

その四つの下位機能の立場で分析するとき、観察学習は単に模倣することを学習するといったことではなくなる。むしろ観察学習における技能は弁別的観察、象徴的記号化やリハーサル・感覚運動と概念・運動体系の協応上の技能の獲得により、また他者の行動との一致の可能な結果を予測する能力によって発達するものである。観察学習はその成分となる下位機能上の欠如により妨害され、その上達によって増大する。モデルの行為の遂行は模倣を強化することによって増大し得るが、そのような例ではその過程の間に何が獲得されているかを直接見極めることができないのである。

学習される前に反応は実行されねばならないという信念が深く心理学にしみ込んでいるので、徹底的行動主義者たちは、観察学習をオペラント条件づけに還元しようと試みてきた。しかしほとんどの証拠は、活動が思考の媒介を通した結果によって変容されていることを示している。結果というものは、遂行者が正しい反応を発見するまで行動に影響を与えないものである。そして、もし遂行者がその報酬に価値を置くとき、その行動を遂行するのである。反応結果による学習では、遂行者は自らの活動の効果を観察することによって適切な行動を発見する。オペラント条件づけはしたがって、観察学習の特殊例ということになる。モデルは当たりはずれのある活動の結果よりうまく反応情報を伝達してくれるのである。したがって、行動の構造は試行錯誤活動の効果よりも、よい実例を観察することからよりたやすく象徴的に構成することができるのである。

(5) 思考過程の言語モデリング

人間の学習は将来使用するための知識を得たり使用したりする認知技能を発達させることを目ざしている。観察者は思考技能を学習でき、モデルが解決に達するのに使用するルールや方略を推測することによってそれらをいかに使用するかを学習できる。しかしながら、内潜的思考過程がモデル活動に適切に反映していないとき、認知技能は行動モデリングによって容易には変容しない。極端な場合、モデルは問題を内的に解決し、ただその解決の最終的段階のみ遂行する。そのとき観察者は最後の結果は見ているが、遂行された認知過程は見ていないことがある。

認知技能の学習は、モデルが問題解決活動を行っている際の思考方略を声に出して言語化させることによって容易に促進できる。したがって活動を導く内潜的思考は、外顕的表現を通して観察可能となるのである。マイケンバウムは活動方略と同時に思考過程をモデリングすることによって、認知技能の広範囲で永続的な改善に成功した。認知技能は活動モデリングのみよりも、思考と活動モデリングの両方の影響によるほうが、一般により良く改善されるのである。

(6) 抽象モデリング

さて次に抽象モデリングに話を移そう。ある時代に示範される行動は、社会的に規定されているか特定の方法で遂行したときのみ効果的である。自動車を運転する仕方や外科手術をすることや寿司の準備をすることにほとんど変化はみられない。高度に機能的なパターンは試験済みの技能であり、文化的に成立した習慣であり、それらが演じられるそのままの形が実質上採用される。しかしながらモデリングの影響は、生成的で革新的な行動のルールを伝達し得ることである。抽象モデリングの過程を通して、観察者は、見たり聞いたりしたこと以上の行動を生成するために特定の遂行の底にある原理を引き出す。抽象モデリングにおいて、判断の技能や普遍的なルールが観察を通して学習されるのである。

抽象モデリングを研究するには、他者があるルールや原理を含んだ反応を遂行しているのを観察することになる。示範された反応はさまざまな無関係な側面を示しているが、その底には同じルールを含んでいる。その後観察者はモデルの行動と概念的にまた様式的に類似している方法で行動できる条件下で、そのルール学習をテストされる。しかし、新しいあるいは不慣れな状況に対して学習したことを自分で即座に行わなければならないので、以前に観察した特定の反応を模倣することはできない。

抽象モデリングにおいては、観察者はさまざまな示範反応で示されたものから共通の属性を引き出し、類似した構造特性を持つ行動を生成するために、それらからルールを作り上げる。観察から引き出されたルールによっている反応は、モデルが同様な周囲環境下に置かれたら示すであろうような行動と似ている。観察者が決してそれらの新しい状況で行動しているモデルを見ないにもかかわらずである。

行動を生成するためにモデリングを通してルールを獲得するためには、少なくとも三つの過程がある。①社会的模範から適切な属性を引き出すこと、②その情報を一つのルールに統合すること、そして③行動の新しい事例を産出するためにそのルールを使用することである。しかしながら、示されるだけでは適切な特性に気づかせることにはならない。多くの条件――例示の顕著さ、情報的フィードバック、それに抽象的事象に意味を与える意味的付随物――は観察者がルールへ組み込む要因を認識するのに役立つ。また、共通の属性はモデルの活動の結果によってさらに際立つのである。モデルの判断や活動の適切さに関して情報的フィードバックが与えられないときよりも、ルールを含む反応のみがモデルにとって成功であることが示されると、それらの事例に共通な特性は観察者によってよりたやすく抽出され得る。

難しい概念を観察するときには、ルールの抽象モデリングは概念的に表現されたものを具体的な例で示すことによって促進される。このことは言語的ルールの発達に最もうまく示されている。大人と子どもが互いに話し合っているとき、彼らの発声は常に意味を持つ今ある事象に言及している。それらの事象やそれらが互いにどのように関連するかについて子どもたちが持っている知識は、ことばに意味を与え知的コミュニケーションを体制化するためのルールに意味を与える。行為者と活動と対象が因果的にどのように関連しているかを示すような示範反応は（たとえば柵を越える馬を示すこと、その間活動の系列を言語化する）、描写される関係性を表現するために単語がどのように並べられているかの言語的ルールを明らかにする。幼児の場合、発言のみが示範されるよりは、文法的な発言がことばで示された関係をよく描写している活動と対応して与えられるときに、より容易に言語的ルールを学習する。照応モデリング、すなわち抽象的なことばとともに実際的な事象を示すモデリングは、認知発達の初期の段階では特に大きな役割を演ずる。個人的経験が限られていればいるほど、抽象的なことはより多くの具体的な指示を必要とする。

行動のルールはいくつかの要因を持っているものである。たとえば判断のルールは、他のことを配慮しないで単一の要素のみに基づいていることはほとんどない。したがって、観察者は示範された事象から適切な諸要因を引き出さねばならないばかりでなく、それらを機能的ルールへ組み込まなければならない。このことは、さまざまなルールを予想を立てたり、モデルの反応結果が成功であるかどうかをテストしたりして達成されるのである。誤ったルールは、予測と観察された反応結果との間の不一致を起こす。その結果、異なった組み合わせのルールを構成し、それをモデルの活動の結果と照合して観察者は最後に正しいルールに到達する。

示範された反応やその結果が、他者が判断を下し活動を方向づけるのに使ったルールを推測するのに利用できる唯一の情報源であるとき観察者は、仮説検証過程を遂行しなければならない。モデルはもちろん活動を通してそれらを伝達したのと同様に、使用しているルールを説明することはできる。ルール規定のあるモデリングはルールに支配された行動を促進する場合には、いずれかの一つよりもより効果的である。しかしルール規定の利点は、人が期待するより少ない。それは、抽象ルールを十分理解するのが困難であるか、新しい状況にそれをどのように適用したらよいか知らないからである。このことは再び、知識と技能との間の区別の重要性を示している。体育教師や文法教師が証明しているように、ルールを知ることは必ずしも適切な遂行を保証しないのである。変化する環境に適合するためにある程度の訓練がルールから活動を生むために必要である。その活動が複雑になるほど、訓練された技能はより重要になる。

日本の実験室で行われた研究によると、概念をマスターする腕前のある子どもたちは、概念技能を欠いている者に比べて示範された活動から判断ルールを推測するのがより速い。特に興味深いことは、そのような認知技能を欠いている子どもたちでさえも、モデリングは概念的技能を改善するという証拠があることである。モデリングでなお一層の手助けをすることで、そのような子どもはより発達的に進んだ水準に近づけられるかもしれない。認知技能のレベルは、観察学習という限定された条件に単純に依存するよりむしろ、社会的学習によってそれ自体、改善可能である。相互に貢献し合う影響によって成立するものと考えるべきである。

ピアジェ派と社会的学習派のモデリングへのアプローチの類似と差異に関する二、三の簡単なコメントで結論づけよう。

概念的構造の発達に強調を置く点では、それらの理論間に共通性がある。いずれも感覚運動、概念運動学習の重要性を強調する。すなわち、幼児は観察した活動を理解し象徴化できるよう認知的能力を発達させなければならないし、認知を活動の体制化された系列に変換できなければならないのである。しかしながら、二つの学派は認知構造の本質とそれがどのように発達するかに関する見解、それにモデリングの動機づけに関して異なっている。

認知構造に関しては、社会的学習理論では観察学習を質的に異なる思考様式の段階的進展としてよりは、むしろ認知識体系や認知的下位機能として分析している。認知的下位機能の発達的なプロフィールは子どもを大ざっぱな段階にカテゴリー化するよりも、彼らの学習の欠如の原因やうまく学習する方法をよりよく予測するだろう。認知的下位機能による分析は、認知発達の同じ段階にあるとされた子どもたちの間にみられる学習遂行の大きな差異を説明するのに役立つ。

社会的学習の見解では、観察学習をそれほどなじみのないものとは考えていない。そればかりか、ピアジェの理論が強調するように、行動的操作を経ての自己発見が唯一の情報の源泉ではない。新しいパターンについての情報は、自分自身の活動の効果からと同様、モデルの事例を観察することからも引き出すことができる。もし知覚的・運動的体制が十分に発達し、成分技能が存在しているならば、子どもたちは他者を観察することによって新奇な反応を学習できない理由はない。しかしどの理論も、適度に異なっているものが顕著に異なるものよりも学習されやすいことを予測している。模倣による遂行の欠如は、ピアジェ派では十分に分化されていないシェマによると説明されるが、多次元的過程という枠組みで分析するならば、モデル活動への注意の欠如、不適切な保持、学習されたパターンを行う際の運動的欠如、不十分な誘因が原因であるといえるかもしれない。

モデリングの認知的側面に気をとられていて、モデリングの機能的な側面については、ピアジェ理論はほとんど注目してこなかった。模倣は活動や知ることへの内発的要求、存在するシェマと一部異なっている活動を再生産することへの欲求、モデルへの尊敬というようにさまざまな原因に帰せられている。そのような動機要因はあまりに一般的なので、異なるモデルへの、また異なった時と場所における同じモデルへの、そして同じモデルによって示される異なった活動への選択的模倣を十分に説明できない。

最も初期の段階では、乳児や幼児の模倣は、主として活動の直接的で感覚的・社会的な効果によって動機づけられる。発達の過程で象徴的で優勢な誘因が動機的機能を増すと考えられる。子どもたちはすぐに、モデルが社会的報酬の源泉であるばかりでなく、社会的・物理的環境を効果的に取り扱うための能力の価値ある源泉であることを学習する。自己効力の利点はモデリングに対する強力な誘因となる。子どもたちは、モデリングがその能力を改善するうえでよい方法であることを発見した後は、それがもたらす効力と個人的な満足のために示範された技能を採用するようになる。

社会的学習理論の発達的見解によるならば、観察学習は認知的・社会的発達の一般的な過程の一部である。しかし観察学習はまた、認知能力を発達させ拡張させる基本的手段の一つでもある。したがって包括的な理論は観察学習の認知的メカニズムのみでなく、認知の社会的学習の決定因を調べなければならない。モデリングの過程と所産は、ただ一つの方向からの因果性の理論によるよりも、相互的因果性の立場でよりよく説明されるのである。

3 自己効力（セルフ・エフィカシー）の探究

われわれ人間の特徴は、ほかの動物と違って、ただ無造作に行動しているのではなく、いろいろな考えを頭の中に描きながら、行動しているということである。このような考えを生み出していくために、一人一人の人間は、自分自身についてはもちろんのこと、自分を取り巻く自然環境や社会環境について、さまざまな知識を持つようになるのである。ある一定の環境の中で行動を営んでいく個人のこのような認知的な過程に関する研究は、これまでに数多くなされてきている。しかしながら、自分にできることや、自分がやりたいと思っていることについて自らが描いたイメージというもの（つまり個人の認知的過程というもの）が、どのようにして個人の行動を引き起こし、環境に関する知識を生み出していくのであろうか。このような認知の過程のメカニズムに関する問題は、大変重要であるにもかかわらず、あまりよく研究されていないのが実情である。日常生活において、人はだれでも自分自身に関するさまざまな知識を持つようになるのであるが、その中でも特に重要なことは、ほかならぬ自分自身がやりたいと思っていることの可能性に関する知識、すなわち、自分にはこのようなことがここまではできるのだという考えを持つようになることである、と考えられるのである。

このような一人一人の人間が持つ考えや判断や評価の働きを、ここでは自己効力（セルフ・エフィカシー、コーピング・エフィカシー、フィジカル・エフィカシーなど）と呼んでいるわけである。これは一口にいって、自信や意欲の効能ということであり、達成や対処への可能感であるとか、自己遂行可能感あるいは効力感などと呼ぶこともできるものである。いずれにしても、その内容は、セルフつまり自分自身の判断や決断や努力が原因となってうまくいったのだと考えるようになるという、認知的な出来事を意味している。カウンセリングや臨床の場面でいえば、自分自身の力で（病気の原因を）克服することができるのだということについて、患者自身が描くイメージというような、自然治癒力であるとか自己回復力といった事柄がこれに相当するものである。しかしながら、このような力は、ひとりでに湧き出てくるものではなく、よく自覚して主体的に考え、自分にはここまではできるのだということを積極的に見出していくことによって、内発的に作り上げられていくものなのである。認知された自己効力は、特にこのような側面を強調したことばである。勉強したり試験を受けたりしているときや病気になったときなどに、問題を解くことができるのだ、回復することができるのだ、ということについて学習者や患者自身が描いたイメージが、このような効力（効き目）を持つようになるのである。言い換えるならば、成功したときの情景や喜びに満ちた自分の姿などをイメージとして思い浮かべることによって、課題を解決したり、病気を克服したりすることができるようになるわけである。このような自分自身が持つ力の効き目（効力）はまた、自己暗示として作用するものでもある。最初からものごとにうまく対処して、それらを成功裡に処理していくときの意欲や自信は、このような作用によるものということができるであろう。人間は自らの能力を確信することによって、肯定的なプラスの思考を持つことができるのであり、このことはいうまでもなく自己効力の働きによるものなのである。

自己効力に関するこのようなさまざまなことばづかいや表現は、多かれ少なかれ、互いに置き換えることができるものであり、機能的には、それぞれの間にさほど大きな違いはないのである。要するに自己効力とは、積極的に課題に取り組む、自分の力で治ってみせるという認識を意図的に働かせることであり、このことが、とりもなおさず、行動の開発や学習への自信や意欲を促すことになるのである。以上の事柄から、人間はだれでも、力強い〝自己効力〟を持てば、何でもできるのだということができそうである。

1・自己効力の定義

前述の考察を要約してみると、日ごろわれわれが使いならわしているコンピテンスということばにつき当たるのである。コンピテンスということばは、融通のきかない紋切り型の行為であるとか、ただ単にどうするかがわかっている、というようなことを意味するものではない。コンピテンスとは、あいまいな、予測しがたい、ストレスとして作用するような要因を含む状況をうまく切り抜けるために、「認知」（＊P）的な、「社会」（＊E）的な、そして「行動」（＊B）的な技能を用いることができるような生産的な能力を意味している。そして、一人一人の人間が、自分自身の持つこのような能力について判断していくときの内容が、自己効力と呼ばれるものなのである（＊第Ⅱ部・①「社会的学習理論における因果関係のモデル」（特に図Ⅱ-1）参照）。

2・自己効力の行動に及ぼす効果

自己効力として行動に影響を及ぼしていくようになる自分自身に関する判断には、正確なものもあり間違ったものもあり、実にさまざまなものがあって、それらが人間生活の特徴を形作っていくのである。たとえば、われわれがどのような行動をこれから選択していこうとするのか、どれだけの努力をしていこうとするのか、そして困難や思わしくない出来事に直面して、どれだけやり通していこうとするのかということなどは、このような判断のいかんによって決まるものである。

3・自己効力とものごとに対する立ち向かい方

自分の能力に関する判断は、生活環境をうまく処理していくときの考え方や、そのときに起こるさまざまな情報反応に影響を与えていくものである。自分はものごとをうまく処理していくことができないのだと考えている人は、自分の至らなさをいつまでもくよくよと気にしていて、ものごとの困難さを実際より以上に自分にはとてもできないことなのだと思ってしまっている。このような人間は、問題の解決に向かって注意を集中していくのではなく、自らの無能さや失敗のイメージを頭の中に描いていたりして、巧みな動作を営むことが困難になってしまっている人間である。これに反して、力強い自己効力を持つ人間は、たとえ限られたものであっても、自分の能力をうまく働かせて困難に立ち向かい、さらに一層努力していくようになるものである。

4・自己効力によって、さまざまな治療効果の起こり方を予測することができる

自己効力を生み出す判断は、次のような四つの主要な情報源に基づいて行われる。

① 自分で実際にやって、直接体験してみること。

② 他人の成功や失敗の様子を観察することによって、代理性の経験を持つこと。

③ 自分にはやればできる能力があるのだ、ということを、他人からことばで説得されたり、その他のいろいろなやり方で、社会的な影響を受けること。

④　自分自身の有能さや、長所や、欠点などを判断していくためのよりどころとなるような、生理的変化の体験（つまり、生理的症状）を自覚すること。

どのような行動でも、うまく行われるためには、すでに備わっているさまざまな機能を無駄にしてしまうことなく、適切に働かせていくことのできるような自分自身に関する信頼、すなわち、自らの力を確信することが必要である。そしてこのような確信の度合いは、いま述べたような四つの主要な情報源を巧みに組み合わせることによって、高めていくことができるのである。ちなみに、社会的学習理論では、臨床場面での行動変容の主要なメカニズムが、次のように考えられている。すなわち、さまざまな治療法の効果というものは、回復できるのだということについて患者自身が描くこのような確信のイメージを作り上げ、強めていくことによって、日常生活での困難な事態に対処していくときのやり方を、より良い方向へ変化させていくことなのである。

自己効力に関するこのような考え方によって、臨床場面での行動変容のメカニズムを説明したり、あるいは行動がどのように起こるかということを予測したりできることが、これまでの一連の実験によって明らかにされてきている。たとえば、①重症の恐怖症の患者が怖いものに直面して、それを自分で実際に体験してみて、自らの行動を通して克服していく治療を受ける場合であるとか、②モデルが恐怖に対処していくやり方を実演してみせることであるとか、③十分にリラックスしているときに、もはやどのような不安の兆候をも示さないようになるまで、恐ろしい行為をすることを想像させたりすることであるとか、また④さまざまなモデルが恐怖を克服していく様子を見せて、患者自身が認知的に（自ら自覚して）恐怖を克服していくことができるようにするというような治療を与える実験が行われてきたのである。そしてそれぞれの実験では、さまざまな恐怖を克服していくという課題に対する自己効力の強さやその般化効果などが、治療の前後で測定されたのである。

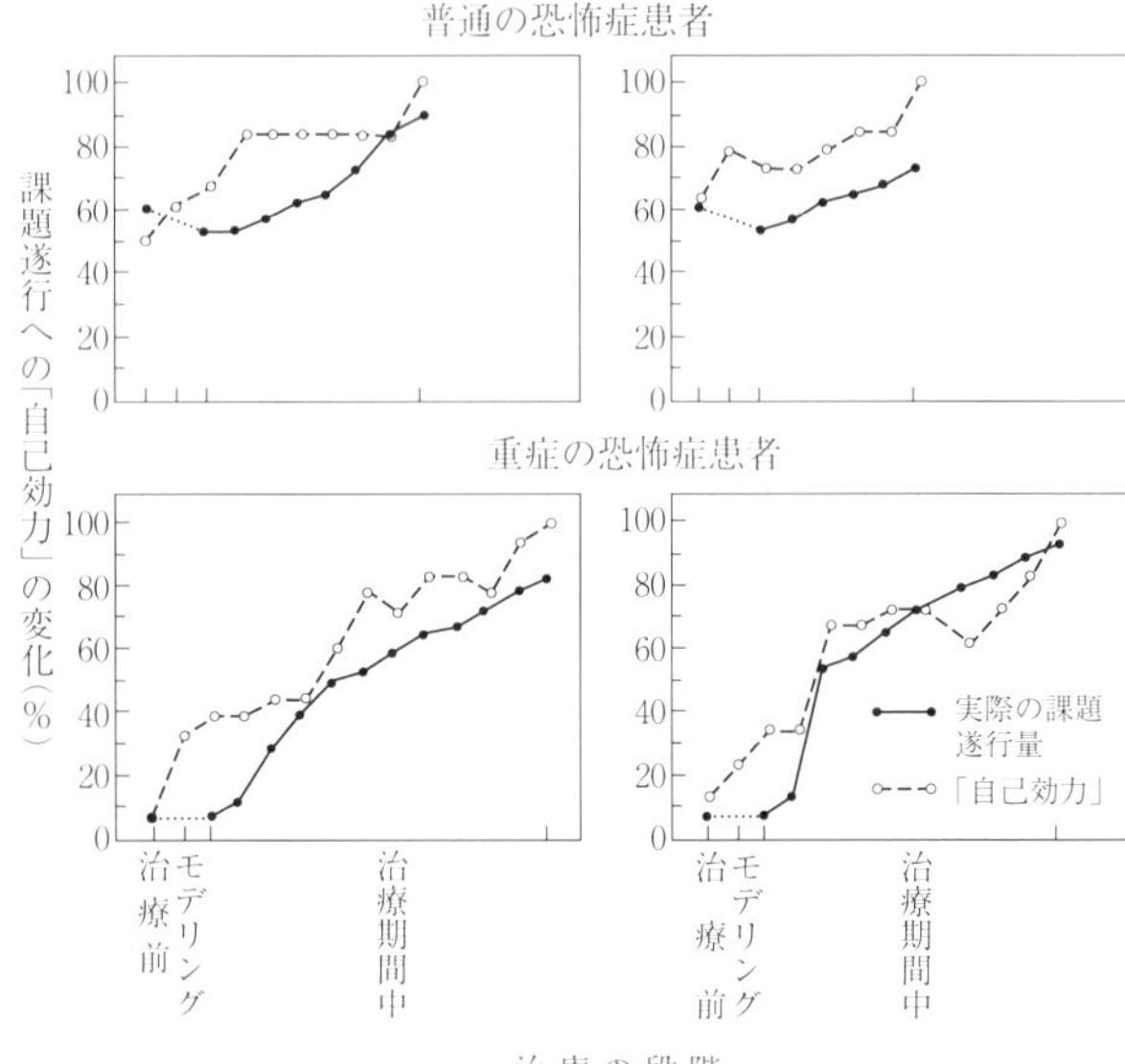

図Ⅱ-5　さまざまな恐怖の課題を「自分で実際に遂行して直接体験してみるという治療」によって，4人の恐怖症患者の「自己効力」が，高められていく様子を示している。

（治療前の「自己効力」が極端に低い重症の恐怖症患者では，この治療法によって，著しい回復がみられている。）

（治療前＝治療開始前の患者の「自己効力」のレベルと，その際の課題遂行量。

モデリング＝モデリングのみによって引き起こされた「自己効力」の変化。

治療期間中＝課題を遂行するというそれぞれの治療を受けた後で測定された「自己効力」の変化と，その際の課題遂行量。）(2)

これらの実験の結果は、図Ⅱ-5にみられるように、さまざまな異なった治療の仕方（影響の与え方）のすべてが、恐怖を克服できるのだということについて「患者自身が描くイメージ」を高めていくことを示している。さらに、自己効力がどのような方法で高められていっても、行動面に表われる治療効果は、自己効力のレベルと密接に対応していくものであることが明らかにされてきている。このようなことから、認知された自己効力（自分は治ることができるのだ、という考え）が強いほど、成功するまで努力し続ける傾向は大きいことがわかるのである。

5・自己効力によって、さまざまな行動変化を予測することができる

前述の実験では、同じようなタイプの行動異常に対して、さまざまな異なった治療法がどのような効果をもたらしていくかを予測する、自己効力に関する理論の普遍性が検討されたわけである。いくつかの異なった治療法を、さまざまな種類の行動異常に応用してきたこれまでの数多くの研究の成果は、心理的な変化をつかさどる共通のメカニズムとしての認知された自己効力（自分にはできるのだという考え）の働きを、雄弁に物語っているということができる。すなわち、認知された自己効力をあらかじめ測定しておくことによって、さまざまな種類の行動変化の度合いを予測することができるのである。たとえば、いろいろなタイプの社会的不適応、ストレス反応や情動的興奮、そして認知された自己効力のなさ（自分にはできないのだという考え）などが、患者自身をひ弱にしていく過程、抑うつや手におえない行動の患者自身による調節、目標達成への努力は内発的興味の発展、そして専門的な職業の習得や実践などという現象の変化は、すべてこのような自己効力の変化を測定することによって予測していくことができるのである。

6・認知された自己効力によって、自らの行動を調節していくことができる

まず、行動を自分自身の力で調節していくときの認知された自己効力というものの役割について、考えてみることにしよう。自らの行動に影響を及ぼすということは、意志の力だけでできるものではない。自らを調節できるようになるためには、自分自身の行為という道具が必要なのであり、自ら確信を持ってそのような行為を有効に活用していくことが必要なのである。自分の行為を適切にコントロールする能力を疑う者は、自らの力をふりしぼって努力しな

ければならないときに、すぐにくじけてしまうものである。どうすることもできないような食べ過ぎの、自分自身による調節が失敗に終わる例はよくあることである。

マーラットとゴードン[21]は、麻薬中毒やアルコール中毒やタバコの吸い過ぎによるニコチン中毒などに共通にみられる再発への過程というものを想定している。それは認知された自己効力の低下が原因で起こる自分の行動を調節していくことができなくなる過程である。困難に立ち向かっていくために必要な自己効力が保証されていて、そのような自分自身の力に基づく技能を十分に持っている人間は、たとえ大きな危険を伴う状況の下でも、成功するために必要な努力をしていくようになるものである。しかし逆に、自分には能力があるのだということを確信していないために、困難に立ち向かっていくために必要な技能が未熟で十分に活用されていない人間は、すぐにくじけてしまい、逆戻りが起こって再発してしまうことになるのである。このように、自己効力が低下していて、何をやってもどうせ自分にはうまくできないと思ってしまっている人間は、自分の行為を調節していくために必要な能力や技能や知識がほとんどないからなのだと思いがちなのである。このような人間では、さらに困難な出来事に立ち向かっていこうとする努力はみられなくなり、自己制御の機能は全く失われてしまうことになるのである。

喫煙行動に関する一連の研究から、認知された自己効力のなさ（自分の力だけでは、禁煙を続けることができないのだと考えること）によって、再発への危険性が増大するようになることが明らかにされてきている。ディ・クレメンテ[11]によれば、喫煙者たちはさまざまなやり方によって一様に喫煙を止めるようになるけれども、後で誘惑されたときの喫煙に抵抗する自分のやり方についての認知された自己効力（自分の力で禁煙を続けることができるのだ、という判断）のレベルは、さまざまに異なっていたということである。つまり、彼らが自分自身の行動を調節していくときの認知された自己効力のレベルが高いほど、治療後の観察期間での喫煙行動のコントロールが成功を収めていったのである。

禁煙を続けることができるのだということについて患者自身が描くイメージと、喫煙行動の再発との関係を明らかにするために、コンディオットとリヒテンシュタイン(10)は、治療を終わった後で、さまざまな状況の下での喫煙に対する誘惑に抵抗していく、患者自身が認知した自己効力を測定してみたのである。その結果、患者が自分自身の行動を調節していくときの自己効力の測定値によって、数か月経過した後にどのような患者が再発するであろうかということや、いつ再発するであろうかということ、そしてさらに、最初にそのような挫折が起こるときの状況がどのようなものであるかということなどを、予測することができたのである。

7・心臓病のリハビリテーションにおける、認知された自己効力の働き

社会環境は個人の行動にさまざまな緊張を与えたり、またあるときは、適切に振る舞うことができるようにしてくれるものである。個人の努力が社会的に報いられるか報いられないかということは、どれだけ効果的に他人から認められるようになるか、ということによるものである。人と人との間での互いの自己効力の高まりは、相互依存の結果を導くような新しい間柄（互いに信頼できる人間関係）の中で、最も効果的に起こるものである。その理由は、相手の行動が誤った（頼りにならない）自己効力に基づいて行われると、双方の個人にとって思わしくない結果を招くことになるからである。（患者と医師、あるいは患者とその家族というような）親しい相互依存の人間関係の下で、双方の認知された自己効力が、どのように一連の回復行動の過程に影響を与えていくかということをより良く理解していくためには、相互に影響を及ぼしていく自己効力の規定要因を明らかにしていくことが必要である。

そこで、患者の健康を回復していくための行動の形成に対して、患者とその治療に携わる人との間で相互的に作用

していく自己効力がどのようなかかわりを持つようになるか、また回復できるのだということについて患者自身が描くイメージがどのような効果を持つようになるかということについて、考えてみることにしよう。そして心臓発作からの回復の場面に、このようなことを研究していくための重要な手がかりが見出されることに、注目してみることにしよう。心臓発作から回復するときには、患者自身の体力に関する自己効力（フィジカル・エフィカシー、すなわち身体的な機能に関する自信）を取り戻すことが、まず第一に必要になってくる。つまり、自分の力で治ってみせる、自分の体力で回復できるのだという自信や意欲を持つようになることが必要なのである。それは、このような体力そのものの自己効力によって、心臓の機能は急速に回復していくようになるからである。したがって、このときに患者が自分にはこのような自己効力がないのだ（自分の体力には自信がないのだ）と思っていたりすると、心臓の機能の回復は著しく遅れていくわけである。その結果、正常な日常生活を営むことができるようになるまでには、非常に長い年月を要することになるのである。そこでリハビリテーションの目的は、このような体力に関する自己効力（フィジカル・エフィカシー）を増進させていくことなのであり、それによって一度心臓発作を起こした患者が、自分自身の力で、全面的に、生産的な人生を送ることができるようにしていくことであるということができるのである。

医師は通常、このような自己効力に関する、前述の四つの情報源のうちのいくつかを適切に組み合わせて、患者自身が心臓の力強さというものを、より多く認知していくことができるようにしていくわけである。たとえば、①自動歩行訓練装置を用いて、自らの動作・遂行の成果を知らせることによって、自己効力の増進への手がかりを持つようにさせたり、また、②すでに力強く回復している以前の心臓病患者の協力を得て、観察学習による代理性の自己効力に関する情報を与えていくようにするわけである。そしてさらに、③患者に、自分自身でもできるのだということを知らせてやるために、説得によって自己効力への手がかりを与えていくのである。このようにして、④身体的機能に関する自己効力へのさまざまな手がかりの意味を説明して、患者が情動反応に伴う生理的変化が何を意味しているかを誤解しないようにしていくのである。たとえば、心拍数が増加するのは心臓発作の前兆であるとか、疲労しやすいのは心臓が弱っているからだというふうに思わせないようにするわけである。

このような自己効力の増進に伴う身体的機能の回復過程に関する研究の最初の試みとして、スタンフォード大学の医学部では、さまざまな身体的な機能や体力の回復に及ぼす、動作・遂行の成果を通して得られる自己効力の増進と他人からの社会的な影響によって得られる自己効力の増進との効果が、検討されてきたのである。このような研究の第一段階は、まず患者が心臓発作を起こしてから数週間後に、全般的な身体的活動や、心臓の強さや、社会での活躍や、職業上の活動や仕事への意欲、そして性的行為などに対する身体的な自己効力を、患者自身にイメージさせて測定するということであった。

心臓発作からの回復ということは、患者一人の個人的な問題というよりも、むしろ社会的な人間関係、なかんずく緊密な協力関係の問題というべきものである。それは、患者の身体的機能や生理的能力について、その配偶者や家族がどのように考えているかということが、患者の回復過程を助長したり阻害したりしていくからである。そこで、自動歩行訓練装置を用いて、三段階の運動負荷量を設定して、患者たちの歩行運動に対する自己効力に関して、それぞれの配偶者たちがどのような判断をするかを明らかにするために、次のような実験が行われたのである。患者はすべて男性で、したがって妻たちが四つの条件下で、夫たちの自己効力を判断したわけである。第一の条件は、妻たちが歩行運動に何らかかかわりを持たない場合である。第二の条件は、夫たちが非常に骨の折れる歩行運動をしている様子を妻たちが見ていて、夫のスタミナを観察していくというものである。そして第三の条件は、妻自身が歩行運動を経験してみて、どれだけの運動量があるかを知り、その後の第四の条件では、また夫が同じことをやっているところを

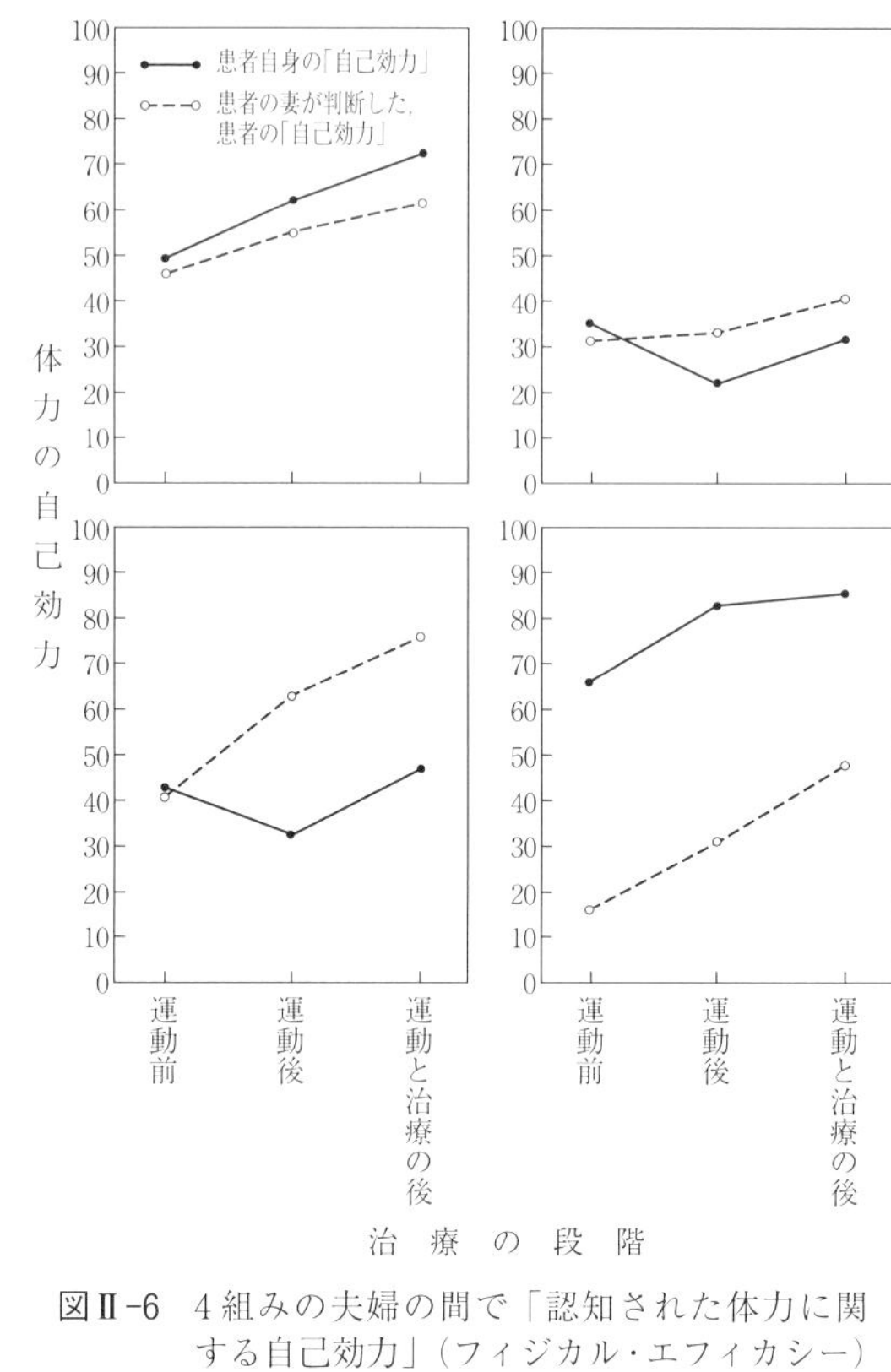

図Ⅱ-6　4組みの夫婦の間で「認知された体力に関する自己効力」（フィジカル・エフィカシー）が変化していく様子を示している。（運動前＝自動歩行訓練装置を用いた，運動による治療を開始する前。運動後＝運動による治療を終了した後。運動と治療の後＝運動と医師による治療とを同時に行った後。）

妻が見るのである。このような一連の実験の後で、二人は夫の心臓の機能について医師から説明を受け、その機能が、身体的活動や、職業上の遂行や、性的行為などと、どのようなかかわりを持っているかを知らされるのである。

　このような実験のそれぞれの段階で、自己効力の測定が行われたわけである。そしてさらに、このような（自己効力を増進させるための）治療の前と、その直後と六か月後とに、患者の心臓の機能や身体的な活動のレベルを、何日間かにわたって継続的に測定し、患者が自分自身の自己効力だけに頼って、どれだけの身体的活動をすることができるようになっているかを、判定していったのである。

　この研究は現在もなお進行中であるが、その結果は一口にいって、夫の身体的スタミナの観察を一生懸命にしてきた妻は、そうでない妻に比べて、夫の身体的な自己効力を高く評価していく（夫の回復への自信や意欲を信頼していく）傾向があることを示している。そしてこのことが、とりもなおさず、夫の心臓病からの回復過程を増進していくわけである。

このような自己効力の増進過程のパターンは、異なった夫婦の間で、さまざまに異なるものである。図Ⅱ-6は、そのような様子を示している。夫の心臓発作からの回復過程は、夫と妻とが共に夫の身体的な自己効力（フィジカル・エフィカシー）が高いと判断するときに最も早く、両者が共に低い判断を示すときには最も遅く、そして夫と妻との判断に食い違いがあるときには、このような日常生活の回復に対する夫の自己効力は、中等度のレベルを示している。

8・自己効力の開発によって、内発的な興味を育てること

次に取り上げる問題は、自己効力を発達させることによって、内発的な興味をはぐくむことである。人間がやって面白いと思うことの大部分は、それ自体は最初のうちは、何らの興味をも引き起こすものではない。ところがこのようなものが、適切な学習経験を通して、どのような活動であっても、また、どんなに馬鹿げた取るに足らないことであっても、やがてそれぞれの個人にとって、大きな意味を持つものになり得るのである。

社会的学習理論では、興味というものは、内的な基準を達成することによる満足感から生まれてくるものと考えられている。そしてそれらのすべては、実際にやって成功することや自分にはできるのだということに関するさまざまな情報源を通してもたらされる、認知された自己効力の増大に基づいて生まれてくるものなのである。

○身近な目標を設定して、自分自身を（より効果的に）動機づけること

人間は身近な目標を設定することによって、さまざまな活動に没頭していくための適切なやり方をみつけ出してい

くものである。そしてそのような活動を通して、自己効力をはぐくみ、内発的な興味を増大させていくことができるのである。頭の中であれこれと比較しながら、自分自身を動機づけていく、このような過程には、動作を評価していくための個人的な基準が必要になってくる。人間は、ある一定のレベルでの動作を習得することによって、自己満足して、自ら努力していくことに対する強化の要因を、自分自身の力で作り上げていくことができるのである。そしてこのような自己強化の要因が、個人的な基準を作り上げていくことになる。

身近に存在する一つ一つの小さな目標は、行動に対する直接の強化や手がかりをもたらしてくれるものである。これに対して、遠い将来の大きな目標は、効果的に努力していくためには、また現在することを導いていくためには、あまりにも時間的なずれが大きすぎて、役に立たなくなってしまうものである。遠い未来に焦点を合わせることによって、現在やるべきことを先に延ばしていくことは実に容易なことであり、われわれ人間は、つい、今やらなければならないことをおろそかにするための口実に、遠い未来の目標を利用しているほどである。次のような諺は、このような一時しのぎの効果しかもたらすことのない、遅々として進まない過程というものを如実に示している。すなわち、「現在の喜びが小さいほど、人間は未来に大きな期待を持つようになり、現在努力することをないがしろにして、ひたすら幸運の到来を待ち望むようになる」ものなのである。

このようなことから、できるだけ、ごく身近な小さな目標を具体的に設定することによって、できるのだということについて自らが描くイメージの発展を、より効果的に助長することができるものと考えられるのである。自分の動作の善し悪しをその都度判断するための目安となるような目標の達成という基準がなければ、どのようにやっているのかを見極めたり、自分の能力を評価したりするための根拠を失ってしまうことになるわけである。このように、身近な、一つ一つの目標を達成していくことによって、自らの努力の成果を判断することができ、その判断によって自己効力が高まり、人間としての進歩・発展への明確な基礎が出来上がるのである。

身近な目標を設定するということは、少なくとも、次のような二つのメカニズムによって、自分がこれからやろうとすることへの興味を増加させるようになるものである。①まず人はだれでも、自分が望んだレベルのやり方や出来ばえを目ざして努力し、それを成し遂げたときに満足感を経験するものであり、このように、個々の小さな目標を達成することによってもたらされる満足感は、少しずつ、しかし着実に内発的な興味を増加させていくようになるわけである。②これに対して、現在の一つ一つの小さな成果が遠い将来を目ざした大きな目標に基づいて評価されるようになると、現在やっていることとこのような未来の目標の基準との相違があまりにも大きなものとなるので、成し遂げた成果に十分満足できないようになるわけである。このような場合には、自信を持って有能に振る舞い、かつ効果的に努力していくなら

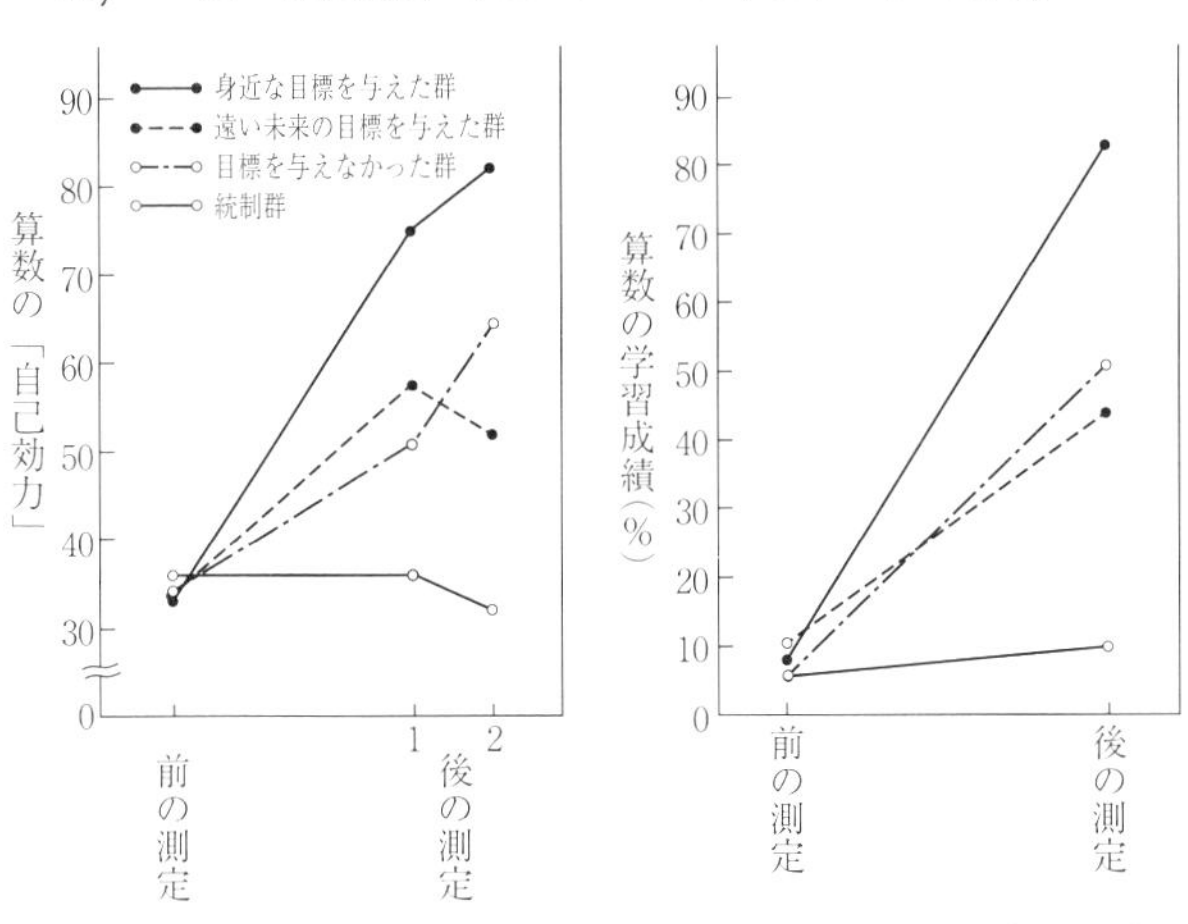

図Ⅱ-7　「身近な小さな目標」を与えることによる「自己効力」と「学習成績」の向上。[3]

（左の図は，算数に関する児童の「自己効力」が変化していく様子を示している。

前の測定＝学習する前。

後の測定１＝学習した後で，算数のテストを受ける前。

後の測定２＝算数のテストを受けた後。）

（右の図は，算数のテストでの児童の成績を示している。

前の測定＝「自分自身の力」で学習する前。

後の測定＝「自分自身の力」で学習した後。）

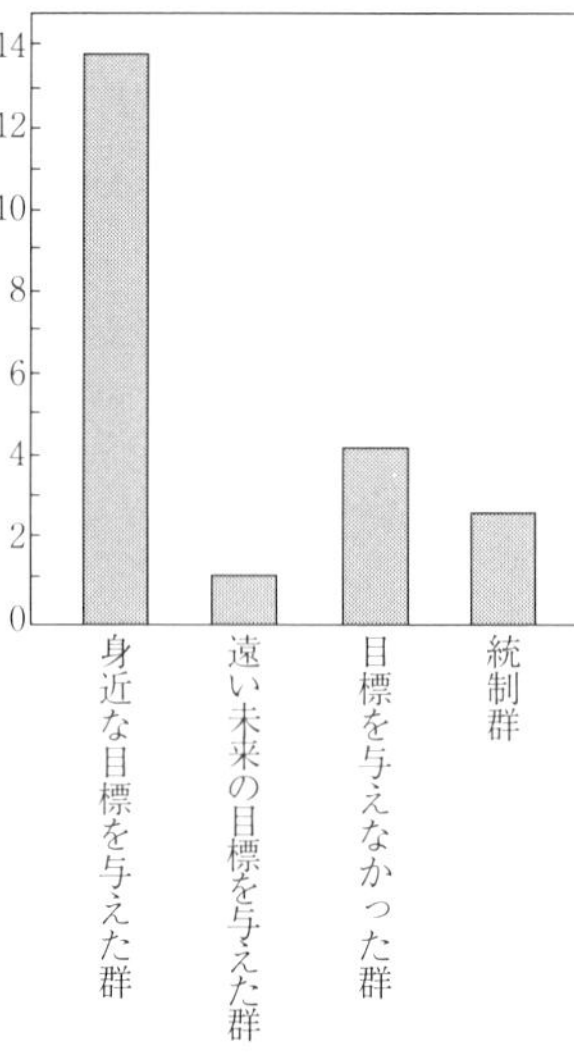

図Ⅱ-8　四つの異なった目標設定の条件の下での，算数の学習に対する児童の「自発的な興味」。(自由に選択させたときに，児童が自発的に選んだ算数の問題の数の平均値を示している。)[3]

ば、課題を成し遂げることに対する認知された自己効力は、自己効力のなさに打ち勝って、課題解決に対する内発的な興味を力強く駆り立てていくようになるものと考えられるのである。

身近な小さな目標を与えて、子どもが自分自身の力で動機づけることができるようにしむけることによって、何ら面白くない学習課題に対してさえも、内発的な興味を起こさせることができるようになるということが、最近の研究によって明らかにされてきている。たとえば、算数ができないで興味を失っている子どもたちに、身近な小さな目標か遠い将来の大きな目標を与えて、あるいは何の目標をも与えないで、自分自身の力で学習させてみると、図Ⅱ-7にみられるような結果が得られたのである。

身近な個々の小さな目標を与えた場合には、子ども自身の力による学習は急速に進展し、実に多くの算数の問題の解き方を学習することができたのである。このようにして、子どもたちは、算数の問題を解くことに対する力強い自己効力を持つようになったわけである。これに対して、遠い未来の大きな目標を与えられた子どもたちは、何らの目標も与えられないで学習した子どもたちと同じように、このような効果を示すことはなかったのである。

身近な目標を与えることによってもたらされる効果には、実際には、このほかにも、さまざまなものがあることが明らかにされている。その中でも特に注目すべきことは、子どもたちの一人一人が自分の能力を現実的に把握していくために必要な、自分自身に関する知識というものをはぐくむことである。このことは、算数の学習に対する自己効力と、それに続いて起こる（自分の能力を現実的に把握して行われた）実際の算数の学習成績との間の相関が高いことによってもうなずけることである。

このように、自己効力が高まって実際の学習成績も良くなった子どもたちは、図Ⅱ-8にみられるように、すべて著しく高い自発的な興味を示している。そしてこれらの自分自身に関する知識を十分に持つようになった子どもたちは、もっぱら身近な目標を与えられて、自分自身を動機づけることによって学習してきたのである。これに対して、そのような目標を与えられなかったほかの三群の子どもたちは、自分自身に関する知識を十分に持つようにならなかったので、自分たちの能力について疑いの念を抱いており、したがって算数の問題を解くことについては、ほとんど自発的な興味を示していないのである。

9・自己効力と自己評価のメカニズムによる、さまざまな目標のシステムの動機づけに及ぼす効果

強力な自分自身による動機づけは、さまざまな目標の設定と内的な基準とによって起こるものである。人間が明確な目標に向かって突き進んでいくときに、自分が求める目標と自分が現在までに成し遂げてきたこととの間に負の相違が生ずると、より一層努力して頑張ろうというような動機づけの効果が起こるようになる。このような過程の出来

事を踏まえて、自己効力のメカニズムと自己評価のメカニズムとが、さまざまな目標に対する動機づけの効果をもたらすものである、という理論を検討してみることにしよう。

自己評価が起こるようになるためには、自らが設定した目標と、その目標に向かって自分が現在までに成し遂げてきた成果についての知識（すなわちフィードバック）とが必要である。目標のない成果のフィードバックも、このようなフィードバックを伴わない目標も、自己評価をしていくためには何の役にも立たないものである。それは、その場その場の比較にとって必要なこのような二つの要因のうち、いずれが欠けていても、自己評価は不可能になるからである。

自分の能力についてよく知っておくということは、現在までの学習成績とこれから成し遂げようとしている学習目標との間の相違に、どのように対応していったらいいかを決めるために必要なことである。ちなみに、実際の学習成績が目標に達していないときには、弱い自己効力しか持っていなくて自分の能力に自信のない者はすぐにくじけてしまうし、力強い自己効力を持っていて自信のある者はますます努力して、自らが定めた目標を達成するまで頑張り続けるようになるものである。

このような理論的なメカニズムを検討していくために、非常に骨の折れる運動課題を用いて、次のような実験が試みられたのである。第一群の被験者には、運動遂行量を40％だけ増加させるという目標を与え、そして、実際には24％の増加がみられたというフィードバックを与えた。第二群には、40％増加の目標を与えたが、フィードバックは何も与えなかった。第三群には、目標は与えなかったが、運動遂行量のフィードバックを与えた。そして第四群には、何らの目標もフィードバックも与えなかったのである。実験の後で、被験者に、自分が成し遂げた運動量にどれだけ自己満足したかということと、自分の目標を達成することができたということによって増加した「認知された自己効

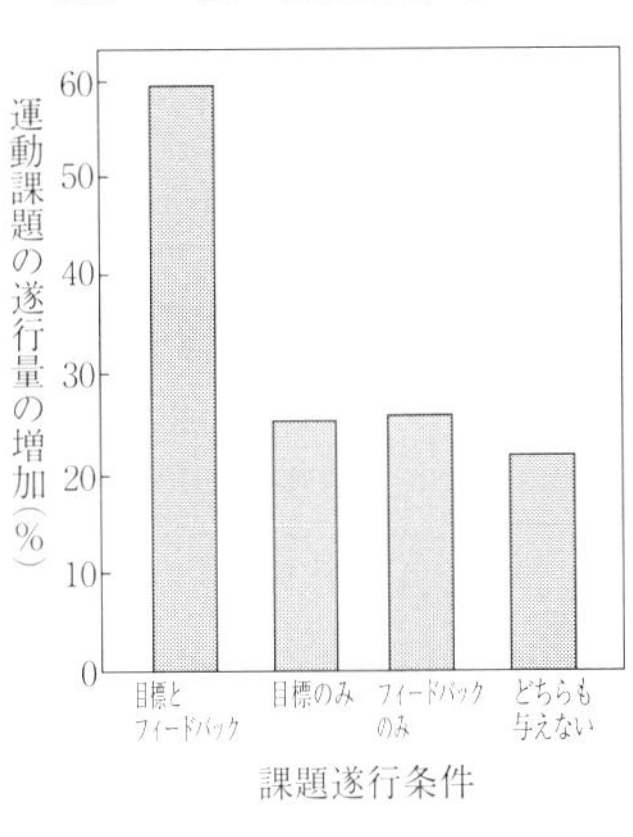

図Ⅱ-9 課題遂行の「目標」と遂行の「フィードバック」をどのように与えるかによって，努力してなされる「運動課題の遂行量」がさまざまに異なる様子を示している。(4群のそれぞれの平均値)

力」の強さとを、評定させていった。そしてその後で、再び、運動課題を遂行させて、その遂行の度合いを測定したのである。

(1) 実験結果

まず運動課題の遂行量についてみると、図Ⅱ-9に示すように、目標とフィードバックの両方を与えた群は、そのいずれかのみを与えた群や両方とも与えなかった群と比較して、およそ三倍にも達する高い課題遂行量の増加を示している。

(2) メカニズム

次いで、そのような効果がどのようにして起こるようになるかを考察してみると、得られた相関の高さが、仮説の正しさを示していることがわかる。すなわち、

① 自分の目標の達成に対する自己効力が高いほど、運動課題に対する成績は良かった($r=+0.45$)。

② 自分の課題遂行に対する不満が大きいほど、課題遂行量の増加が大きかった($r=+0.51$)。

このことから、自分が成し得た成果に対する自己不満が大きいほど、自己効力は高い(やる気があった)ということがわかる。

③ 被験者自身の内潜過程(媒介過程)のこのようなさまざまな要素から

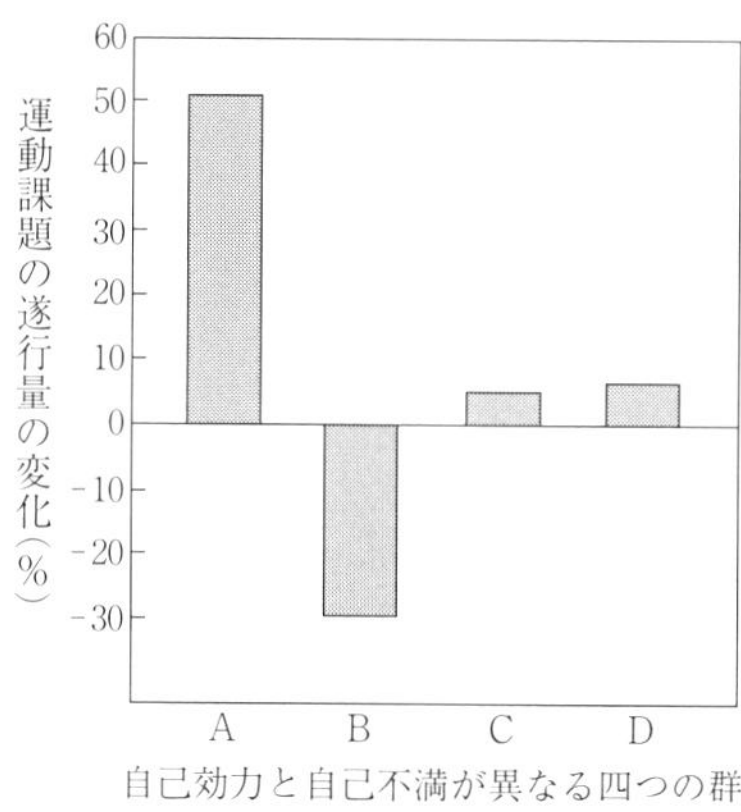

図Ⅱ-11　「自己効力」と「自己不満」がどのようなレベルにあるかということによって，努力してなされる「運動課題の遂行量」が，さまざまに異なる様子を示している。

(実験期間中の最初の１分間と最後の１分間とを比較したときの，各群での平均変化率)

A＝「自己効力」が高く，「自己不満」も高い。

B＝「自己効力」が低く，「自己不満」も低い。

C＝「自己効力」が高く，「自己不満」は低い。

D＝「自己効力」が低く，「自己不満」は高い。

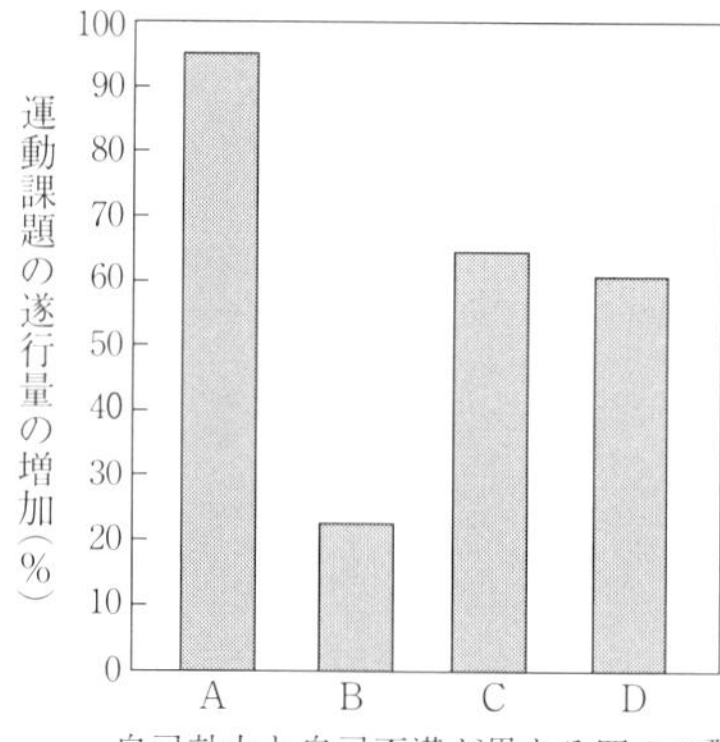

図Ⅱ-10　「自己効力」と「自己不満」がどのようなレベルにあるかということによって，努力してなされる「運動課題の遂行量」が，さまざまに異なる様子を示している。

(実験期間全体での増加の，各群の平均値)

A＝「自己効力」が高く，「自己不満」も高い。

B＝「自己効力」が低く，「自己不満」も低い。

C＝「自己効力」が高く，「自己不満」は低い。

D＝「自己効力」が低く，「自己不満」は高い。


成る測度によって、運動課題に対する成績の変化を十分に予測することができた(r=+0.63)。

このような自己効力と自己不満の二つのメカニズムによって、このような目標とフィードバックの条件の下での、さまざまな被験者の間でのモチベーションの相違というものを、理解していくことができるのである。すなわち、図Ⅱ-10にみられるように、

① 自己満足はしなかったけれども非常に自己効力の高かった群(A)では、運動課題の遂行量が最大の増加を示している。

② しかしながら、自己不満には陥らなかったけれども、自分の能力に自信の持てなかった群（B）は、ほとんど課題遂行量の増加を示していないのである。

③ これに対して、他の二群（CとD）の被験者たちは、中等度の遂行量の増加を示している。

このように、自分自身の課題遂行の成果に対する大きな自己不満と、自分にはうまくできるのだという力強い自己効力とによって、運動課題を遂行しているときのさまざまな努力の表われ方というものを、理解していくことができるのである。そこで、このような課題遂行過程の最初の段階と最後の段階とを比較してみると、（図Ⅱ-11のAにみられるように）被験者が力強い自己効力を持っていて自分の成績に大きな自己不満を抱いているときには、課題の遂行は時間がたつにつれて大きく増加していくのであるが、自分の能力に自信がなかったのに自分が成し遂げてきたことに満足してしまったりすると、（Bにみられるように）努力しなくなっていくことがわかる。これに対して、力強い自己効力か自分の成績に対する大きな自己不満かのいずれかがあるときには、（CとDにみられるように）課題の遂行にあらわれる成績は変化しないで一定に保たれていくのである。

10・課題を達成していくときに、自己効力と知的な能力とは、どのような役割を演じているのであろうか

課題を達成していくときに認知された自己効力が果たす役割について、コリンズ[9]は次のような実験を試みている。まず、算数の能力が低い、中等度の、そして高い、三群の子どもたちを選び、それぞれの群をさらに細分して、算数の課題に対する認知された自己効力が高い子どもたちと、低い子どもたちの群を設けたのである。そして、このようなさまざまな知的能力や自己効力を持った子どもたちに、算数の問題を与えて、達成の度合いを調べていったのであ

る。

この実験の結果から、子どもたちの認知された自己効力は、知的能力の効果をはるかに超えた威力を発揮して、課題達成への知的活動を促進していくものであることが明らかにされたのである。すなわち、①子どもたちの認知された自己効力が高いほど、解決された問題の量は多く、しくじった問題をやり直す頻度も高かった。そして、②認知された自己効力が高いほど、算数の問題を解決しようとする態度は、より一層前向きなものであった。③これにひきかえ、知的な能力のほうは、このような学習に取り組む態度（意欲）や実際の学習成績とは、何ら有意な相関関係を示さなかったのである。

11・職業の選択を規定する自己効力

ベッツとハケット(6・13・14)は、媒介要因としての認知された自己効力の考え方を推し進めて、職業の選択に関する因果関係のモデルを提唱し発展させてきている。この二人の研究者は、いかに女性の職業への立ち向かい方が男性のそれと異なるかに注目して、まず二つの点を指摘している。その一つは、伝統的に男性の職業とみなされているものは、女性には不向きであるという考え方によって、女性が虐げられているというものである。第二は、女性には必要な技能を身につける能力が欠けているのだという考え方によって、女性が圧迫を受けているというものである。

このような点を踏まえて、認知された自己効力が、どのように職業の選択に影響を及ぼしていくかを明らかにするために、ベッツとハケットは次のようなことを問題にしている。すなわち、個々の職業が伝統的に男性のものであろうが女性のものであろうが、そのようなことにはかかわりなく、男性は常に同じような自己効力を示すということである。これに対して、女性は伝統的に女性のものである職業に対しては高い自己効力を示すのであるが、男性優位の職業に対しては、低い自己効力しか示さないということである。実際の言語能力や数量化の能力などでは男女間に著しい差はみられないので、もしこのような前提に立つならば、各個人が認知する自己効力のこのような大きな相違は、特に著しい影響力を持つものであるということができる。しかしながら、認知された自己効力のレベルは、ここで問題にしているような職業選択の幅やそこで示される興味の度合いなどには本来、男女の別なく等しく影響を与えていくものなのである。ちなみに、自己効力の働きには本質的な年齢差や性差はみられないのであり、また文化差の要因の影響を超えて、人類一般の行動を開発する原動力として作用していくものなのである。

12・恐怖に対処していくための自己効力

個人が自己効力をどのように認知していくかということは、前述の学習行動に対する影響と同じように、情動反応に対してもさまざまな大きな影響力を発揮していくものである。未知の恐ろしい出来事に対する不安や恐怖の反応に及ぼす自己効力の影響は、特に著しいものである。一口にいって、さまざまな出来事が恐ろしいものになっていくということは、やがて起こるかもしれないような危険な出来事に対処していくための自己効力（コーピング・エフィカシー）が欠如していることによるものなのである。そのような恐ろしい出来事は、その大部分が、実は、未然に防いだり、終わらせたり、あるいはそのひどさを軽減したりすることができるものなのであり、したがって、そのような出来事を恐れるようなことは元来必要のないことなのである。このことから、ストレスに満ちた恐ろしい出来事に対処していくための自己効力を増加させるような経験を積み重ねていくことにより、恐怖の起こる度合いを減少させ、今までは恐ろしかったり避けたりしてきた出来事へ立ち向かっていくことができるようになるものと考えられるのである。

(1) 自己効力の働きによる認知的な制御

悲しい苦痛な出来事というものは、二つの異なった情動的興奮の要因を含んでいる。第一の要因は、感覚的な有害刺激によって引き起こされる不快体験であり、第二の要因は、頭の中で考えることによって起こる認知的な体験である。このようなことから、人間が経験する悲しみや苦悩の大部分は、人間自身の思考の内容によって起こるものである、ということができるのである。つまり、いくたびとなく心をかきむしるような、自分自身が考えている内容そのものによって起こってくる興奮状態によって、人間はいたずらに嘆き悲しんでいるのである。人間は過去のさまざまな出来事をあれこれと思いめぐらし、将来を心配するものである。自分を自己効力（コーピング・エフィカシー）のない無能な人間だと考えている者は、苦痛な出来事に対処していく（コープしていく）力のないことをいつまでもくよくよと思い悩み、ものごとを試みる状況を危険に満ちたものと思い込んでしまっている。そのような人間は、やがて起こるかもしれない脅威の激しさをいたずらに悪化させていくだけではなく、起こりもしないような危険についてまで心配しているのである。

人間が感情的に興奮するときに重要な役割を演ずるものは、その人間が頭の中で描いているストレスを引き起こすような思考内容なのである。したがって、そのような考えの内容、すなわち、悲しい・嫌な・恐ろしい出来事をうまく処理していくことについて、本人自身が描いているイメージというもの（コーピング・エフィカシー）を強化していくことによって、実際に情動的なストレスを経験しているときや、その前後の興奮状態を減少させることができるのである。ちなみに、このような認知的な制御（考え方を調節することによる制御）というものについて、次のような実験が試みられている。すなわち、苦痛に満ちた恐ろしい出来事に直面して、感情的な出来事を認知的に評価し、自分自身の考え方を調節して、自らを制御していくことができる（自分には「コーピング・エフィカシー」があるのだ）と思っている被験者たちと、そのようなことができない（自分には「対処効力」がないのだ）と思っている被験者たちとに、同じレベルの苦痛や恐怖を引き起こすような刺激を与えてみたのである。そしてその結果、前者は後者に比べて、自律神経系の興奮の起こり方も少ないし、その他の情動反応の起こり方も少なく、そのことによって起こる実際の行動の抑制も少ないことが見出されたのである。

(2) 治療効果の発現を可能にする自己効力

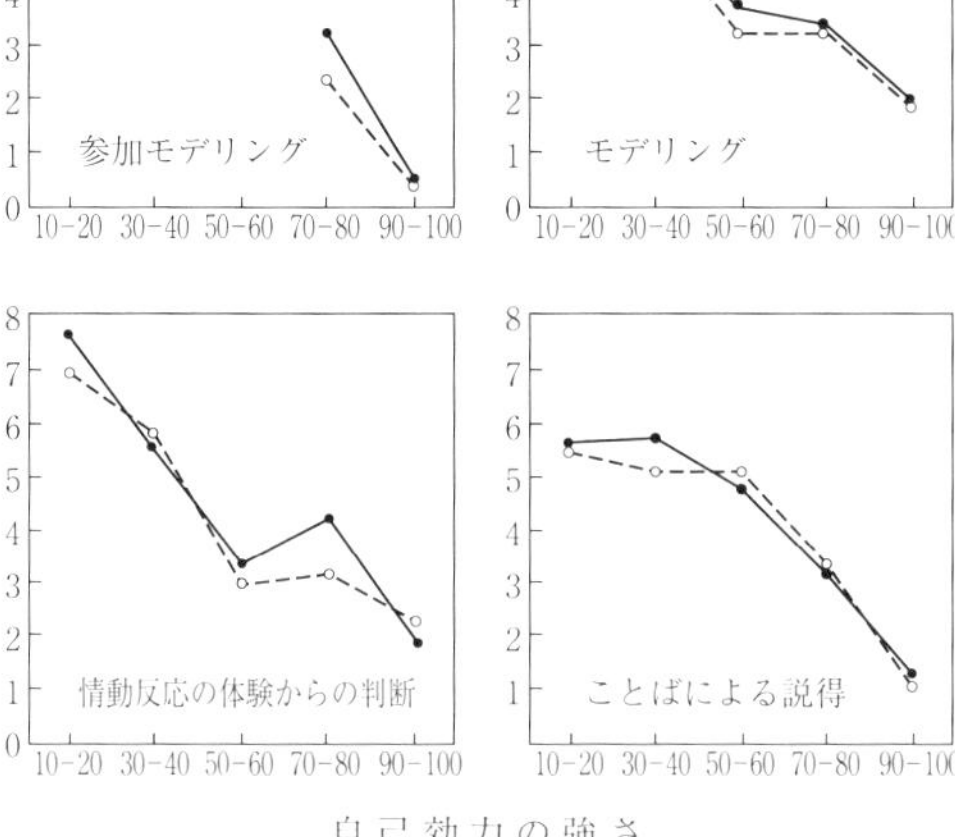

図Ⅱ-12　四つの異なった治療法で「自己効力」を増加させたときの，恐怖に対する情動反応の減少。（恐ろしいことを予期しているときと，実際に経験しているとき。）（参加モデリングによる「自己効力」の増加は，特に著しい治療効果を示している。この方法で治療を受けた患者では，「自己効力」が80以下の値を示すことは，ほとんどなかった。）

不安や恐怖に対する情動反応を減少させるような治療をしていくときの認知的なメカニズムは、もっぱら自己効力の働きによるものである。このようなメカニズムの存在は、これまでのさまざまな実験によって明らかにされてきている。たとえば、患者自身に苦痛な恐ろしい出来事に対処していくための自己効力があることを認めさせることによって、重症の恐怖症を治療することができるようになることが、見出されてきたのである。

図Ⅱ-12は、四つの異なったやり方で増加させた自己効力の強さの関数として変化する、恐怖に対する情動反応の大きさをプロットしたものである。この実験では、患者が、自分には自己効力がないと思っている課題を与えられると、非常に大きな恐怖の反応を示すことが見出されている。そしてそのような反応は、恐ろしいことを予期しているときにも、実際に恐ろしいことを経験しているときにも、同じようにみられたのである。そして、ひとたび、患者自身が判断した自己効力が増加し始めると、恐怖に対する反応も減少していくようになったのである。そしてさらに、自己効力が非常に強くなったときには、大きな恐怖を引き起こすような恐ろしい課題が与えられても、患者は全く何の気がねをすることもなく、課題を遂行していくことができたのである。

(3)　自己効力による、生理的な情動反応の克服

情動反応の生理的な指標を測定することによって、自己効力の欠如とその結果起こってくるストレス反応の大きさとの間の因果関係が、明らかにされてきている。たとえば、次のような実験が行われたのである。認知された自己効力がそれぞれ、強い、中等度の、そして弱いレベルを示しているときに、重症の恐怖症の患者に恐怖を引き起こす課題を与えたのである。そして、患者がそのような課題を予期しているときと実際に体験しているときに、血圧の上昇や心拍数の増加や血液の化学的成分の変化などを測定していったのである。そしてさらに、次の段階で、自分自身の力で恐怖を克服することができるのだということについて、患者自身が描くイメージを最大限に増加させてそれぞれ、強い、中等度の、そして弱い恐怖の課題に対する、このような自律神経系の反応や内分泌系の反応を再び測定したのである。図Ⅱ-13は、自分自身の力で克服できるのだという、患者自身のイメージの強さ（エフィカシーの強さ）の関数として、心拍数や血圧が変化していく様子を示している。このような実験の結果から、一人一人の患者が持つ自己効力（コーピング・エフィカシー）の働きによって、恐怖に対する情動反応が、いかに克服されていくかがわかるのである。

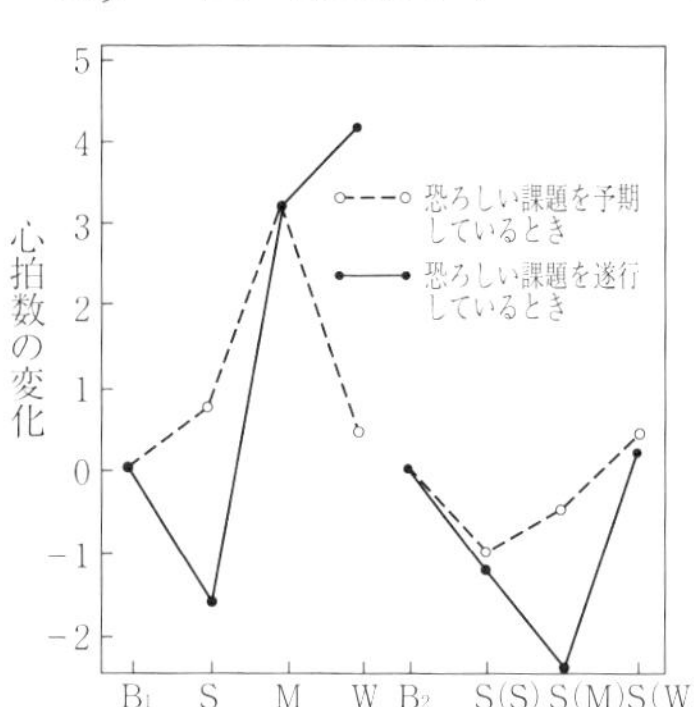

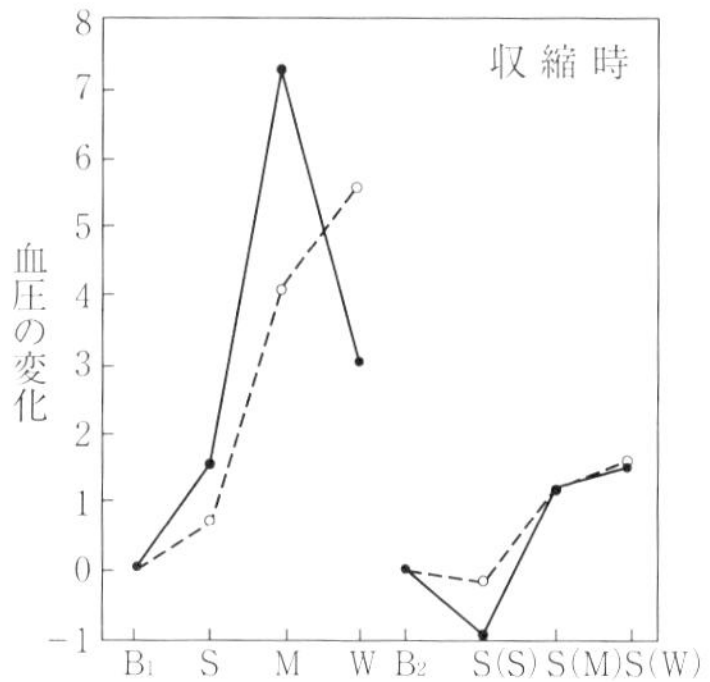

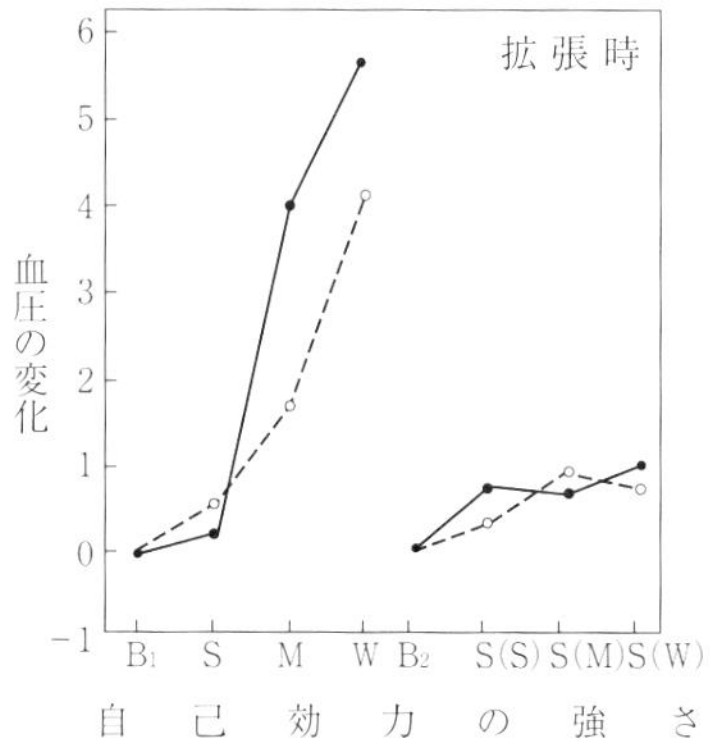

図Ⅱ-13　「自己効力」の強さの関数として変化する情動反応。（「自己効力」の強さの関数として変化する，心拍数と血圧の値を示している。恐ろしい課題を予期しているときと，そのような課題を実際に遂行しているときの，そのような恐怖や課題が与えられなかったときの値からの変化の平均値。）

（B＝恐怖が与えられなかったとき。S，M，W＝それぞれ強い，中等度の，そして弱い，自己効力。）

（各図の左側のプロットは，それぞれ異なった強さの「自己効力」に対応した情動反応の測定値を示している（弱い自己効力のときの，課題の遂行による情動反応のプロットは，ごくわずかな遂行量を示した少数の被験者によるものである）。

右側のプロットは，３段階（S，M，W）の恐怖の課題に対する情動反応を，「自己効力」が最大に高められているときに，測定したものである。）(2)

すなわち、恐怖を引き起こすような課題を予期しているときや実際にそのような課題を遂行しているときに、患者自身によって最も高い自己効力を持つことができるとみなされた場合には、情動反応はほとんどみられなくなったのである。これに対して、中等度あるいはそれ以下の自己効力しか持つことができないとみなされた場合には、その課題を予期しているときと実際にやっているときに、心拍数と血圧の上昇がみられたのである。そして、自分自身の力で克服できるのだというイメージが最高度に達したときには、どのような恐ろしい課題でも、何らの情動反応を伴うことなく行われるようになったのである。

このような実験の結果から、自己効力が弱いときにさまざまな恐ろしい課題が与えられると、大部分の被験者は、自分が持っている能力をはるかに超えるものとしてすぐに投げ出してしまい、やってみようとすらしないことがわかるのである。そしてほんのわずかの被験者だけが、そのような課題を遂行することができたにすぎないのである。そして、さまざまな被験者から集められた期待反応の段階に関するデータからは、被験者が恐怖に立ち向かっていこうとすることをあきらめてしまうと、情動反応の増加がいかに大きなものであり、彼らのそのような恐怖のストレスに対抗していく能力（コーピング・パワー）を、いかに圧倒してしまうものであるかがわかるのである。すなわち図Ⅱ-13のWでみられるように、心拍数と血圧は上昇し続けたのである。そして自分自身の力で克服できるのだというイメージを最大のレベルにまで高めていくと、被験者のすべては、ことごとくこのような恐怖を引き起こすどのような課題をも、何らの情動反応を伴うこともなく遂行することができるようになったのである。

恐ろしい課題を実際に自分で処理していくときの情動によって生ずるストレスによって、一般に心拍数は血圧よりも大きな影響を受けるものである。このことから、自己効力が非常に弱いときには、（図Ⅱ-13のWにみられるように）情動反応は特異的なパターンを示すようになることがわかる。これと関連して思い起こされることは、外界のさまざまな出来事に反応して、特異的な化学物質、とりわけカテコールアミン（つまり情動反応の促進過程をつかさどる神経刺激伝達物質、あるいは神経ホルモン）などが、時間が経過していくにつれてさまざまな異なった変動のパターンを示して、血液中に分泌されていくことが、明らかにされているということである。心拍数の変化は、カテコールアミンの中でも、特にアドレナリンの血流中への分泌のされ方のほんのわずかの変動によっても、非常に大きな影響を受けるものなので、心臓の活動というものは、動脈が受ける圧力よりも大きな変動を示すものであることがわかる。

ちなみに、促進的な効果を示すアドレナリンのようなカテコールアミンは、抑制効果を示すセロトニンのようなインドールアミンとともに、神経細胞のシナップスでの化学的な刺激伝達過程を媒介する重要な物質として知られているのである。血流中に分泌されるアドレナリンは、自律神経系の刺激を介して心臓や血管の収縮活動をコントロールしており、自己効力が低下して人間が感情的に興奮すると、アドレナリンとセロトニンとの微妙なバランスがくずれて、アドレナリンのごくわずかの相対的な増加によっても、急速な心臓・血管系の収縮活動が起こるようになるわけである。

13・自己効力の働きによって、情動反応をつかさどるカテコールアミンの分泌がコントロールされている

認知された自己効力の強さと、カテコールアミンのような内分泌系の化学物質の変動との間の相関関係に注目することによって、恐怖を克服できるのだということについて患者自身が描くイメージの欠如が、ストレスによる緊急反応を引き起こすようになるときの生化学的なメカニズムというものを、さらに詳しく検討していくことができる。そ

のような試みのいくつかをみてみると、次のようなことが行われているのである。それぞれ、強い、中等度の、そして弱い自己効力を持つ三群の恐怖症の患者に、恐怖を引き起こす課題を与えて、それを予期しているときと実際に立ち向かって克服しようと努力しているときの血液を（自動的・継続的に）採取して、これらの物質の血中濃度を同時進行的に測定していくのである。そしてこの一連の化学分析の結果から、患者自身が判断する、恐怖に対抗していく能力のレベルに応じて、自律神経系の反応を増加させていくこのような内分泌器官の活動が、どのように変化していくかを検討するのである。このような明確な生化学的なメカニズムに基づく研究によって、自己効力を増加させることが、恐怖を克服するためのいかに有効な治療法であるかがわかるのである。

14・自分に自己効力がないことがわかると、意気消沈して無益なことをするようになる

自己効力がないことがわかって、自分自身の生活に影響を及ぼしている出来事をどうすることもできないときに、人間は不安になり、混乱に満ちた感情を抱くようになり、やがて失望・落胆して無益なことをするようになるものである。社会的学習理論では、人が無益な行為であると判断して努力しなくなるときには、少なくとも、二つの要因が働いていると考えられるのである。まず第一の要因は、人間は自分がやらなければならないことを、自分自身の力で成し遂げることができると確信していないと、努力することをあきらめてしまうというものである。そして第二の要因は、人間は自分自身に能力があることはわかっていても、まわりの人々がそれによく応えてくれなかったり、また偏見を持っていて認めてくれなかったりすると、自分自身がいくら努力しても思わしい結果は得られないものと考えて、努力することをあきらめてしまうというものである。人間が努力をしなくなるときの、このような二つの異なったメカニズムは、さまざまな病因論や治療法を考えていくときの、重要な手がかりとなるものである。そしてこのよ

「行動の結果に関する判断」

「自己効力に関する判断」	（－）	（＋）
（＋）	社会的活動をする。 挑戦して，抗議する・説得する。 不平・不満をいう。 生活環境を変える。	自信に満ちた適切な行動をする。 積極的に行動する。
（－）	無気力・無感動・無関心になる。 あきらめる。 抑うつ状態に陥る。	失望・落胆する。 自己卑下する。 劣等感に陥る。

図Ⅱ-14　「自己効力に関する判断」（効力期待）と「自らの行動の結果を，社会環境（他人）がどのように，受け止め、認めてくれるであろうかということ（すなわち，環境の応答性）に関する判断」（結果期待）とが，相互に作用し合って，人間の行動や感情体験をさまざまに規定していく。（(+)は力強い・大きな「自己効力」や、応答的なよく「受け止め」・「認め」てくれる社会環境を示す。(-)は，弱い小さな「自己効力」や，応答的でない社会環境を示す。

うな二つの要因に基づく人間の無為無策な行為というものを改善していくためには、まずコンピテンスと力強い自己効力とを開発していかなければならないわけである。そしてさらに、自らのたゆまぬ努力の結果によってもなおかつ他人の「うけとめ」や「みとめ」が得られない場合には、すでに備わっているコンピテンスの働きによって自己強化の機能を増加させ、自らの生活環境を承認と受容に満ちたものに変えていくことができるような、社会的活動を助長していくようにするわけである（図Ⅱ-14参照）。

人間の行動というものは、どのような場合にも、①自己効力の働きそのものと、②自らの行為が周囲の人々にもたらすであろう結果とを、どのように考えるようになるかを明らかにしていくことによって、最も正確に予測することができるのである。前者は効力期待と呼ばれ、後者は結果期待と呼ばれるものである。図Ⅱ-14にみられるように、個人の自己効力に関する判断（効力期待）と、さまざまな内容を持ったその個人の行動の成果を他人（つまり社会環境）がどのように受け止め、認めてくれるであろうかということに関するその個人の期待的な判断（結果期待）とは、それぞれ異なった心理的効果をもたらすようになるものである。すなわち、（図Ⅱ-14の(+)で示される）力強い自己効力と、自らが成功裡に成し得た行動の成果に十分に報いてくれる応答的な社会環境（図Ⅱ-14の(+)で示される）の存在とは、自信に満ちた能動的な行為をはぐくみ、増大させていくものである。これに対して、力強い自己効力と（図Ⅱ-14の(−)で示される）応答性の少ない環境との結びついたパターンを考えてみると、この場合には自らの行為のみによっては望ましい結果を導くことはできないのであるが、自己効力の高い人間は、必ずしも、自ら積極的に行動することをやめてしまったりするものではないことがわかる。

図Ⅱ-14に示されるこのような二つの要因の間の相互的な関係から、コンピテンスを持って行動していても、社会から報酬を与えられなかったり、あるいは逆に罰を受けたりすることがわかる場合には、二つのレベルでのコントロールが起こるようになるものと考えられるのである。すなわち、自らの行動の結果のコントロールと、結果の内容を規定する他人との社会的な関係のコントロールということである。個人の力強い自己効力と苦痛に満ちた努力に報いてくれないような応答的でない社会環境とが結びついた場合には、その個人は社会環境に挑戦して憤慨したり、抗議したり、説得したり、さまざまな努力をして、そのような不合理な報われない結果を変えていこうとする（結果のコントロール）。そしてこのようなやり方が困難である場合には、ほかに選ぶべきどこか適当な場所があれば、自分の努力に応えてくれないような社会環境を捨てて、ほかの場所に自らの活動の場を求めていくようになるのである（関係のコントロール）。

このような自己効力に関する判断と自らの行為の結果についての信念とが結びついた影響というものを考慮することによって、無気力・無感動・無関心にさせるような条件と失望・落胆させるような条件とを区別していくことができる。たとえば、自己効力をほとんど持たずに、自分自身の努力によっても、それに匹敵するような他人の努力によっても、何らみるべき成果が得られない場合には、人は無気力・無感動・無関心になり、ものさびしい人生に打ち沈んでいくことになる。これに対して、自分自身を無能な人間だと考えて自信を失っているのに、他人は自分をよく認めてくれている、つまり自分は無能な人間であるのに、社会から与えられるさまざまな恩恵に浴しているのだと考えたりする場合には、劣等感をいだいたり、失望・落胆したり、自己卑下や抑うつ状態に陥ることになるのである。自分と同じように社会から認められていて、しかも自分よりは有能な他人をはっきりとみせつけられたりすると、このような劣等感情や自己批判の心境は避けがたいものとなる（図Ⅱ-14参照）。

(1) 抑うつ状態を規定する自己効力

最近の研究によって、認知された自己効力が、抑うつ状態の発現に重要な役割を演じていることが明らかにされてきている。たとえばカンファーとザイス[15]は、抑うつ状態にある学生たちとそうでない学生たちとで、目標設定のレベルと認知された自己効力の強さとを比較してみたのである。その結果、それぞれの学生たちが設定した目標には群間の差は見られなかったが、目標設定と認知された自己効力の間の関係に、群間の差のあることが見出されたのである。すなわち、抑うつのない学生たちは、十分な自己効力を持っていて自分たちの目標を達成することができると判断したのに対して、抑うつ状態にある学生たちは、自分たちの持っている自己効力は、目標の達成にははるかに及ばないものであると判断したのである。

このような結果を踏まえて、デイビスとイエーツは、学生を被験者にして、問題解決に対して高い自己効力を持つ群と低い自己効力を持つ群とを設け、さらにそれぞれの群を細分して、そのような問題を解決することができると思わせる群とそうは思わせない群とを設けて比較したのである。その結果、問題は解決することができるものであるが、自分にはそれを解決するだけの自己効力がないと思っているときには、学生たちは抑うつ状態に陥り、課題遂行への努力も減退していくことが見出されたのである。このように、実際の課題遂行への努力の減退というものは、課題の易しさ・難しさからくる結果に対する期待よりもむしろ、できるのだということについて一人一人の学生が描くイメージ、すなわち自分の持つ効力に対する期待によって、より正確に予測することができるのである。

15・自分自身による制御をあきらめてしまうと、自己効力は減退する

自分自身を容易にコントロールすることができて、日常生活での出来事を効果的に処理していけるということは、大変望ましいことであるが、それだけに自分自身によるコントロールには大変やっかいな面があるものである。まず自己効力を自分自身の力で発展させていくために、さまざまな知識や技能を十分身につけていかなければならないのであり、それらの知識や技能というものは、根気よく熱心に長い間かかって努力していくことによって、はじめて身につけていくことができるものなのである。さらに、自分自身をコントロールしていくということは、大きな責任を伴うものでもある。このような重荷を背負うことによって自分自身のコントロールに対する意欲が減退していくことは否めないことである。したがって教育や臨床場面などでは、魅力的な誘因や何か特別の利益や大きな社会的報酬などを与えることによって、複雑な技能や大きな責任やさまざまな危険を伴うこのような自分自身によるコントロールに対して、力強い呼び水を与えていくことが必要になってくるのである。

(1)　他人に依存して自分自身を制御していくことは、自己効力の機能を減退させてしまうことになる

人間は、概して、自分自身の行動を制御していくために必要な努力や、それに伴う危険などから、自らを解放してくれる日常生活での出来事を受け入れることには、あまり抵抗を感じないようである。このように人間は、あくせくして、自分自身をコントロールしていこうとするよりも、むしろ、他人に依存したコントロールに身の安全を求めていこうとするものである。そうすることによって、自分自身に影響力を持つ人々に、こちらからも何らかの影響を及

ぼすことができるものと考えられるからである。しかしながら、このような他人に依存した制御というものの持つ欠点は、一人一人の人間の自己効力の機能が減退してしまうということであり、互いに他人のコンピテンスや好意に依存してしまうことになるために、身の安全性が、やがては失われてしまうということである。

このような互いに他人に依存した集団制御では、自分の能力を相対的に評価していくということが、大きな機能的な役割を持つようになるものであり、スーザン・ミラーら[26]の研究は、このことを如実に示している。すなわち、自分はものごとをうまく処理していく、他人よりも優れた、すばらしい能力を持っているのだと思っている人間は、自ら進んで行動し、恐ろしい出来事に直面しても、そのときの恐怖を自分ひとりの力で処理していくことができ、危険や失敗の苦しみに耐えていくようになるわけである。これに対して、自分はほかの人に比べてものごとを処理していくことがあまり巧みではないと思っている人間は、困難な出来事に対処していくための身の振り方を、すぐに他人に任せてしまうようになるものである。つまり、依頼心の強い人間は、努力を必要としない、したがって、情動的なストレスを受けることのないような、他人によって保護されるという恩恵を、喜んで受けるものなのである。そして、このような人間の自己効力の機能の減退は、救いがたいものとなる。

(2) 自己効力の働きを妨げるもの

日常生活では、数多くのさまざまな要因が、一人一人の人間が持っている知識や技能を有効に活用していくことを妨げている。エレン・ランガー[20]は、惑わされたコンピテンスのなさというもの（自分には十分な素質や有能さがないのだと、誤って信じ込んでしまっていること）を研究することによって、さまざまな悪条件が人間の能力の行使を妨げていく過程を明らかにしている。たとえば、非常にコンピテンスのある有能な他人が自分のそばにいることによって、自分の能力をうまく使うことができなくなったりすることがあるものである。また、自分が何度もやっていてよく知っていることに注意を集中していく場合と比べて、今までに経験したこともないような新しいことに注目していくときには、自分のやり方や考えがうまくまとまらないことがよくあるものである。概して人間は、職場や問題解決場面などであまり重要でない役割を当てがわれたり、他人よりも劣った呼ばれ方などをされると、非常にぎこちない非能率的なやり方で行動していくようになるものである。

このように人はだれでも、さまざまな社会環境でやる気がなくなるような状況に置かれると、たとえすばらしい能力を持っている人でも、そのような能力を十分効果的に使うことができないようになるものである。このような過程のメカニズムについては、さらに詳しく検討していかなければならないが、ここでは一つの仮説を述べておくことにしよう。それは、自分には自己効力がないのだと考えることが、そのような自分自身の持つ能力を十分効果的に働かせることができなくなる過程の原因を成しているということである。見せかけの、誤った自己効力を人為的に起こさせて、被験者がどのような自分自身についてのイメージを持つようになるかを明らかにすることによって、このような可能性を検討していくことができるのである。そして、被験者がこのような自己効力のなさをどの程度に考えるかということによって、どのような行動をするようになるか、そしてどれだけ努力してものごとをやるようになるのか、あるいは、自分自身を駄目な無能な人間だとあきらめてしまうようになるのか、ということが決まるものと考えられるのである。

ワインバーグら[27,28]は、このような仮説を支持するようなデータを報告してきている。すなわち、非常に骨の折れる努力を必要とする課題を与えて肉体的な作業を行わせていくと、患者の身体的なスタミナは、できるのだということについて患者自身が描くイメージの大きさに応じて変化していくことが、明らかになったのである。言い換えるならば、身体的な機能に関する自己効力（患者自身の体力やスタミナについて、医師によって人為的に引き起こされた患者自身のイメージ）が低いほど、作業の遂行や身体的な活動への耐久力は弱いことが見出されたのである。たとえば、とてもかないそうもない競争相手をちょっと見せただけでさえ、あまり強そうでない相手を見せたときと比べて、ほぼ10％の自己効力の減退がみられたのである。要するに、だれが見てもだれよりもはるかに強そうな競争相手の出現によって、個人差や男女間の体力差などはほとんど問題にならないほど、人間一人一人の身体的な機能に関する自己効力（フィジカル・エフィカシー）が大きく左右されていくのである。そしてこのような事実が、まさに、体力（生理的機能）を発揮していくことに対して、自己効力という精神力（心理的機能）が持つ威力というものを、如実に示しているということができるのである。

〔引用・参考文献〕

（1） Bandura. A., & Cervone. D. 1982 *Self-evaluative and self-efficacy mechanisms in the motivational effects of goal systems.* Unpublished manuscript. Stanford University.

（2） Bandura. A., Reese. L., & Adams. N. E. 1982 Microanalysis of action and fear arousal as a function of differential levels of perceived self-efficacy. *Journal of Personality and Social Psychology.* 43, 5-21.

（3） Bandura. A., & Schunk. D. H. 1981 Cultivating competence, self-efficacy, and intrinsic interest through proximal self-motivation. *Journal of Personality and Social Psychology.* 41, 586-598.

（4） Bandura. A. 1982 Self-efficacy mechanism in human agency. *American Psychologist.* 37, 122-147.

（5） Barling. J., & Abel. M. 1981 *Self-efficacy beliefs and tennis performance.* Paper presented at the annual meeting of the Association for the Advancement of Behavior Therapy. Toronto.

（6） Betz. N. E., & Hackett. G. 1981 The relationships of career-related self-efficacy expectations to perceived career options in college women and men. *Journal of Counselling Psychology.* 5, 399-410.

(7) Biran, M., & Wilson, G. T. 1981 Cognitive versus behavioral methods in the treatment of phobic disorders: A self-efficacy analysis. *Journal of Consulting and Clinical Psychology*, 49, 886-899.

(8) Bourque, P., & Ladouceur, R. 1980 An investigation of various performance-based treatments with acropho-bics. *Behaviour Research and Therapy*, 18, 161-170.

(9) Collins, J. L. 1982 *Self-efficacy and ability in achievement behavior*. Paper presented at the annual meeting of the American Educational Research Association, New York.

(10) Condiotte, M. M., & Lichtenstein, E. 1981 Self-efficacy and relapse in smoking cessation programs. *Journal of Consulting and Clinical Psychology*, 49, 648-658.

(11) DiClemente, C. C. 1981 Self-efficacy and smoking cessation maintenance: A preliminary report. *Cognitive Therapy and Research*, 5, 175-187.

(12) Feltz, D. L., Landers, D. M., & Raeder, U. 1979 Enhancing self-efficacy in high-avoidance motor tasks: A comparison of modeling techniques. *Journal of Sport Psychology*, 1, 112-122.

(13) Hackett, G. 1981 *Mathematics, self-efficacy and the consideration of math-related majors: A preliminary model*. Paper presented at the annual meeting of the American Psychological Association, Los Angeles.

(14) Hackett, G., & Betz, N. E. 1981 A self-efficacy approach to the career development of women. *Journal of Vocational Behavior*, 18, 326-339.

(15) Kanfer, R., & Zeiss, A. M. 1982 *Depression, interpersonal standard-setting, and judgments of self-efficacy*. Unpublished manuscript, University of Arizona.

(16) Kazdin, A. E. 1973 Covert modeling and the reduction of avoidance behavior. *Journal of Abnormal Psychology*, 81, 87-95.

(17) Kazdin, A. E. 1979 Imagery elaboration and self-efficacy in the covert modeling treatment of unassertive behavior. *Journal of Consulting and Clinical Psychology*, 47, 725-733.

(18) Kendrick, M. J., Craig, K. D., Lawson, D. M., & Davidson, P. O. 1982 Cognitive and behavioral therapy for musical per-

formance anxiety. *Journal of Consulting and Clinical Psychology*, in press.
(19) Ladouceur, R. 1982 *Participant modeling with or without cognitive intervention in the treatment of phobics*. Unpublished manuscript, Laval University.
(20) Langer, Ellen, Personal communication.
(21) Marlatt, G. A., & Gordon, J. R. 1980 Determinants of relapse: Implications for the maintemance of behavior change. In P. O. Davidson & S. M. Davidson (Eds.) *Behavioral medicine: Changing health lifestyles*. New York: Brummer/Mazel.
(22) Marsh, A. 1977 *Protest and political consciousness*.
Beverly Hills, Calif. Sage Morelli, E. A. M., & Martin, J. 1982 *Self-efficacy and athletic performance of 800 meter runners*. Unpublished manuscript, Simon Fraser University.
(23) Muller, E. N. 1972 A test of a partial theory of potential for political violence. *The American Political Science Review* 66, 928–959.
(24) Muller, E. N. 1979 *Aggressive political participation*. Princeton: Princeton University Press.
(25) Schunk, D. H. 1981 Modeling and attributional effects on children's achievement: A self-efficacy analysis. *Journal of Educational Psychology*, 73, 93–105.
(26) Miller, Susan, Personal communication.
(27) Weinberg, R. S., Gould, D., & Jackson, A. 1979 Expectations and performance: An empirical test of Bandura's self-efficacy theory. *Journal of Sport Psychology*, 1, 320–331.
(28) Weinberg, R. S., Yukelson, S., & Jackson, A. 1980 Effect of public and private efficacy expectations on competitive performance. *Journal of Sport Psychology*, 2, 340–349.

4 相互決定主義

1・一方向的決定論

長い間、人間行動は気質と環境との要因によって論じられ、これら両要因は、それぞれ一方向的に作用するものとしばしばみなされてきた。環境決定論を唱える人たちは、どのように行動が状況の影響によって統制されるかを研究し、理論化する。一方向的な環境決定論は極端な方向に走り、急進的な行動主義に発展した。この立場では、行為は環境の力に支配されると考える。

一方、個人決定論者は、人間行動の原因を、個人の持つ本能、動因、特性、その他の動機づけとなる力、のような気質に求めるのである。

2・一方向的相互作用論

今日では、ほとんどの理論家がある種の因果関係の相互作用モデルを認めており、行動は個人的影響と状況的影響との所産であると考えている。問題の焦点は、相互作用論そのものではなく、むしろ取り上げられた相互作用の型に

a.　B＝f（P, E）　一方向説

b.　B＝f（P↔E）　部分的二方向説

c. 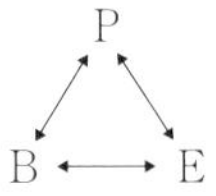　P ↔ B ↔ E（三者相互）　三者間相互作用説

図Ⅱ-15　相互作用過程を示す三つの図式
B：行動，P：個人的要因，E：環境

あるのである。相互作用の過程は、図Ⅱ-15に要約されているように、少なくとも三つの方法で考えられてきた。これらのうち二つは、行動に関しては、一方向的相互作用論を提唱している。

(1)　一方向説

一方向的な相互作用説（図Ⅱ-15-a）では、個人と状況を独立の存在としてとらえ、両者が何らかの形で結びついて行動を引き起こすとしている。この考え方の一つの根本的な問題点は次の点にある。それは、個人要因と環境要因は独立の要因として働いているのではなく、むしろ相互に決定し合っているということである。人は環境を作り上げたり、変えたり、破壊したりする。そしてこうした環境の変化が、今度はわれわれの行動や将来の生活そのものに影響を及ぼすのである。

(2)　部分的二方向説

部分的な二方向的相互作用説（図Ⅱ-15-b）では、個人と状況とが互いに影響し合うものであることを認めている。しかしこの考え方は、行動への影響については一方向的な作用しか考えていない。つまり、個人と状況との相互の働き合いは一方向的に作用して行動を引き起こすが、行動それ自体は、現在進行中の相互関係には何らの寄与もしないというのである。

この考え方の限界は、主として次の点にある。すなわち、人間は、その人の社会的価値がもたらす影響力を除けば、行動によらずに結果を引き出すことはできないと考える点である。

しかし、行為は人が状況にどのような影響を与えるかに重要な役割を果たし、逆に、それによってもたらされた状況が思考や感情や行動に影響を及ぼしていく。したがって、行動は、行動を伴わない人間自体と状況とによって作り出されたものであるなどとは考えがたい。むしろ、行動は個人と状況とに相互にかかわり合い、影響を与えている。つまり、それは相互に作用する決定因であり、その産出過程に何らの役割を持たない副産物ではないのである。

3・三者間相互作用説

社会的学習理論では、行動、認知その他の個人的要因、環境要因の三者の影響に基づく相互作用の考え方を提唱している（図Ⅱ-15-c）。このような相互決定主義のモデルでは、三つの要因すべてが互いに結びついて決定し合っている。

三つの要因の間の相互影響のすべての側面を同時に研究することは非常に難しい。そこで、それぞれの部分について別々に研究が進められてきた。

〔個人と行動の関係〕　思考と行為の間の相互作用に注目する研究者たちは、概念、信念、自己認知、意図などがどのようにして行動を形成し、方向づけていくかについて調べている。われわれが何を考え、信じ、感じるかということは、われわれがいかに行動するかに影響する。そして、そうした行為のもたらす効果が、今度はわれわれの思考様式や情動反応を部分的に規定することにもなるのである。

〔個人と環境の関係〕　次に、個人と環境の間の相互関係について考えてみよう。環境要因は、人間が行動しなくても、人間に直接的な影響を与えることができる。つまり、思考や感情は、モデリング、教示、社会的説得によって変容するのである。

また、単にその人の年齢、人種、性別、身体的魅力といったような身体特性の違いによって、社会の人々の反応が違ってくる。こうした特性が社会的環境から異なる反応を引き起こすのである。同様に、社会的役割や地位によっても周囲の反応は異なる。たとえば、会社の社長は社員とは違った社会的反応を起こさせるだろう。このような社会的に異なった扱い方は、その人に対するまわりの人の見方を変えることによって、逆に受け手の側の自己概念や行動をも変えていくことになる。

対人認知の研究者は、われわれが互いに相手をどう認知するかによって両者の相互作用の過程がどう影響されるかということに主に関心を持ってきた。たとえば、ミネソタ大学で次のような実験研究が行われた。講義の選択コースのオリエンテーションの際に、男子学生が未知の女子学生に電話でその内容を説明するように求められた。彼らは前もって相手の写真を見せられていた。一方は魅力的であり、他方はあまり魅力的ではなかった。彼らの電話の内容を分析したところ、魅力的な女性に対する内容のほうが自発的で、表現も豊かであり、助言も多かった。写真を見ただけで相手に対する異なる期待や認知が生まれたのである。一方、電話を受けた女子学生の行動も分析された。すると、魅力的とされた女子学生のほうが、自分自身はそのことを知らないにもかかわらず、相互作用としてより自発的で、ユーモアのある反応さえ出てきたのである。このように、対人認知がある種の行動のパターンを引き出し、それが社会的環境を形成するということができる。

〔行動と環境の関係〕　三つの要因の間の相互システムのうちで最も注目を浴びてきたのは、行動と環境との相互影響である。もっぱら、相互性のこの部分に焦点を当てて行動を説明するのがスキナーの理論である。行動は環境条件を変え、逆にその作り出した条件そのものによって変容させられていくというのである。

しかし、人は行動している間に、自分の行動がどのような方向に進んでおり、どのような結果を招きやすいかということを考えている。たとえば、オレゴン大学のパターソンは非常に攻撃的な子どもたちとその両親との相互影響について研究し、次のような結果を得ている。最初は、両親は子どもの攻撃性を統制するのに攻撃的方法をもってすることが多いので、そのために子どもはますます攻撃的になるのではないかと考えられた。しかし、相互作用の場面を分析してみると、その四〇パーセントについては罰によって攻撃行動はますますひどくなるが、残りの六〇パーセントでは攻撃行動は減少していた。

なぜこうした逆の結果が得られたのかについて、次のような仮説が成り立つ。つまり、子どもは、攻撃行動がひどくなれば両親は後退するだろうと考えれば、罰があってもますます攻撃的になるだろう。逆に、攻撃行動を拡大するともっとひどく罰せられると考えれば、攻撃行動をやめるようになると予測される。

だから、行動と環境との相互作用の関係を十分に理解するためには、相互作用システムに働いているもう一つの要因――認知の要因――についても分析していかなければならない。

4・三者間相互作用における時間的変化と構造分析

相互決定主義では、いま述べてきたような三つの要因のすべてが同時に作用していると考えるわけではない。また、これらが相互に依存しているといっても、影響が同時になされることを意味するのではない。相互作用性は通常、時間的に異なる時点で働いている。たとえば、人間行動に対するテレビの役割について次のような分析を行うことができる。テレビ番組の内容はわれわれの好みに影響を与え、逆に、われわれの好みは放送局がどのような番組を放送するかに影響する。これはテレビと人の間の相互の結びつきである。第二に、好みと社会的行動の関係についての連結が挙げられる。子どもたちが攻撃的な内容を好むようになるにつれて、攻撃的な番組も好むようになる。それによって彼らは攻撃行動を学び、攻撃的になっていく。また逆に、攻撃行動がそうした好みを助長することにもなる。第三の結びつきは、社会的行動と社会的環境の相互作用に関するものである。攻撃的な子どもは友だちに乱暴であるため、友だちからも攻撃行動を招きやすい。つまり、彼らは攻撃的な環境を作っていることになる。これに対し、攻撃的でない子どもたちは、社会的に望ましい環境を生み出しやすい。このような三者の結びつきは、別々に研究することもできる。しかし、これらすべてを研究することによって、われわれの社会におけるテレビの役割について完全に知ることができるのである。

相互決定主義では、すべての相互依存症について同時に研究しなければならないというわけではないし、相互作用についての唯一の研究方法を提供するわけでもない。重要なことは、結果はどうあれ、ある要因がまずどのような変容をもたらすか、そしてその要因の次の作用にどのように影響するかを理解することである。最初の効果と相互影響効果の研究とは分けて考えることができるものであり、それぞれ異なる分析方法が必要である。行動を完全に理解するためには、二つのアプローチが求められるのである。このことは、生理機能の事例によって示すことができる。からだの中には無数の組織が互いに働き合っているが、すべての相互依存性を同時に研究することはできない。分析の対象となるのは、身体全体よりはむしろ下位組織のほうである。さまざまな下位組織が相互作用を伴う因果関係の中でどのように機能しているかを明らかにすることによって、上位の組織がいかに働いているかをより良く理解することができる。

5・相互作用過程の分節化

相互決定主義の観点からみると、行動の究極の原因として環境を追究することは実りある方向とはいえない。なぜなら、ある相互作用の過程において、一つの全く同じ事象が環境刺激、反応、環境からの〝強化因子〟となり得るが、それは事象の流れの中で進行中の相互作用のどの時点に、あるいはどの側面に、たまたま最初に目を向けるかによって随意に決まってくるからである。図Ⅰ-7（49ページ）は、二人の人（AとB）の行動系列を示している。この図から、二方向的な相互作用の流れの中で、開始点の違いによって、同一事象がいかにして、行動から環境へ、環境から行動へと変化していくかがわかるだろう。たとえば、事象A_2は三番目の分析開始時点では環境刺激（S^1）であり、二番目の開始時点では反応（R）、第一の時点では環境強化因（S^{reinf}）である。したがって、〝行動〟とかそれを〝統制する環境条件〟などと、あたかもこれらの二要因が異なる事柄であるかのようにいうことはできない。

6・一方向的な原因追究

過去経験から生ずる個人的要因は、単に過去の環境の影響が一方向的に作用して、そのまま保存され映し出されたものではない。行動と同じように、環境の影響にも原因となるものがある。人は自らの行為によって、自分の置かれた状況の性質を作り出したり変革したりするのに積極的に働く。個人的影響と環境的影響の根源は相互に決定し合っているので、人は自分の過去経験を部分的に創造しているといえる。さらに、過去の記憶表象は、再生過程よりはむしろ形成過程にかかわっており、そこでは、さまざまな事象が、個人の意味づけや偏見によってふるいにかけられたり頭の中で変えられたりする。したがって、われわれは、過去経験のみならず、過去の出来事の記憶をも部分的に作り上げる役割を果たしているといえる。

ものごとの原因をさかのぼって追究する際に、一方向的な環境決定論者は人間の行為がどのようにして外的事象によって決定されるかを強調する。しかし、その外的事象それ自体は部分的にはわれわれの行為によって作られているのである。彼らは、このことを示す図Ⅱ-16のような事象の連鎖の中で、何が直前の原因になっているかを考慮してはいないのである。

7・思考と行為の冗長な連結についての分析

認知的な事象が行動の原因にはならないということを議論するために、急進的な行動主義者たちは、通常、思考も行為も有機体の外にある刺激によって起こるというように因果関係をとらえる。彼らは、内的事象は伝達されるだけで、影響力を生み出すことはないという。このことから、内的要因を因果関係の連鎖の中での一つの冗長な結びつきとして示している。このように、この立場では、行動は外的刺激と行為との関係を調べるだけで完全に説明できると考えており、仲介となる内的な連結を考慮する必要はないという。

しかし、実際には、思考も行為もそれほど密接に結びついて共に変化することはない。むしろ、認知事象は法則性を持って行動に関係しているにもかかわらず、外的刺激は思考や行為に弱い結びつきしか持たないというようなことがよく起こる。だから、人間行動を理解するためには、認知事象の法則や認知構造の特性について知らなければならない。

8・一方向説とその主張

環境決定論者たちは、人は外からの力で統制されていると主張し、それゆえ、専門的な心理技術を応用して社会の再設計を計ることを支持する。しかし、こうした考え方は議論の前提を損なうものである。なぜなら、人間は実際、自らの行為に影響を持ち得ないとしても、周囲で起こることを記述したり予想したりはするであろうが、それらを意図的に制御することはできないからである。

しかしながら、社会の変革ということになると、徹底した環境決定論者は、環境を変えることによって未来を築き上げることができると熱心に主張するようになる。一方、徹底した環境支配にくみしない人たちは、人間の行動を制御することを主張する。さもないと、彼らの見解は、たいした価値のない、ただの御題目になってしまうからである。

9・決定論と人生行路における偶然の決定因

決定論を三者の相互作用の立場から分析すると、人がたまたま遭遇した事柄にどう影響され、また、それにどう影響を与えていくかが明らかになってくる。日常生活でわれわれがよく出会う事柄には、偶然の要素がある。人はしばしば偶然のめぐり合わせによって出会うのであり、さもなければ彼らの行路は決して交わりはしなかっただろう。偶然の出会いにおいては、人々が進んでいく道にはそれぞれ別の原因結果の連鎖が存在するが、それらの交差は、十分な計画に基づいてなされるというよりはむしろ、たまたま起こるものである。事象の連鎖が数多く存在すれば、偶然の交わりに対するチャンスが無数に起こってくることになる。そのような偶然の出会いこそが、職業、配偶者選択、その他の人生の重要な事柄のコースを決めるのに重要な役割を果たすのである。

たとえば、二年ほど前にノーベル化学賞をもらったブラウンは、生涯の研究がしばしば一瞬の偶然の出来事によって変わってしまうものであることを次のように述べている。シカゴ大学を卒業するときに彼のガールフレンドが本を贈物にしようとした。しかし、経済恐慌のころで、彼女はあまりお金を持っていなかったので、大学の本屋さんに行き、〝一番安い化学の本をください〟と言った。こうして手に入れたのが、「シリコン化合物」という本である。これによってブラウンは、シリコン化合物の研究に興味をかき立てられ、遂にノーベル賞を獲得するに至ったという。

偶然の出会いの中には、われわれにほんの少しだけかかわりを持つものもあり、もっと永続的な効果を残すものもあり、われわれを人生の新しい軌道へと導くものもある。心理学の人間行動に対する知識がどれほど深まったとしても、偶然の出会いがどのようにして起こるのかを予知することはできない。偶然の影響は予知できず方向が定まらないので、人は予測しがたく、社会的にどうにも対処できない人生行路を歩むことになる。

このように影響が偶然的であるからといっても、別に行動が決定されるものでないといっているわけではない。偶然の影響というものはあらかじめわからないものかもしれないが、いったんそれが発生すれば、当初想定していた要因と同様に、因果関係の連鎖の明確な要因として浮かんでくるのである。

個人の気質や社会構造や友好関係によってある型の出会いが起こりやすくなってくるが、こうしたこと以外には、心理学はその他の偶然のめぐり合わせについてほとんど何もいうことはできない。しかし、心理学は、これらが人生に及ぼす影響の性質、範囲、強さを予測する基盤を与えてくれる。個人の特性とその人の置かれた環境の性質が、相互に働き合って偶然の出会いが広がる可能性を左右することになるのである。自己統制の能力（コンピテンス）と技能が発達してくると、計画的・偶然的な機会がうまく利用できるようになったり、不利益な人生行路へと誘う社会的影響に抵抗できるようになる。また、自分がなりたいと思っていることを実現する可能性も高まってくるのである。

10・自己影響による自由

哲学の論述では、自由は、決定論に対立するものと考えられることが多い。社会的学習の観点からみると、自由と決定論とは矛盾しない。自由とは、影響されないこととか、単に外的な圧力がないというように消極的なものではない。むしろ、自ら影響を与えていくという積極的なものといえるのである。自由は、思考、思いのままに使える技能、行為を選択する際の自己影響の手段などを通して達成される。自ら作り出す影響は、外からの影響と同じように行動を決定する。環境条件が同じであっても、多くの選択可能性を行使する能力を持ち、自分自身の行動を制御することに熟達している人は、そうでない人たちに比べて、はるかに多くの自由を経験するだろう。したがって、ある行為を決定する諸要因の中には、自己生産的な影響が含まれている。自己影響は行為に決定的に作用するので、ある程度の自由を得ることができるのである。決定論は、人間は外部からの力によって動く駒にすぎないというような宿命論的な見方をとるものではない。

11・選択権と権利からみた自由

社会的視野に立つと、自由は手に入れることのできる選択権の数と、それらを行使することのできる権利の数とによって規定される。行動の選択可能性と権利とを多く持っているほど行為の自由度は大きい。だから、他の研究者たちも主張しているように、自由はただの幻想ではなく、かなり重要な社会的現実といえる。

個人の自由はさまざまなやり方で制限を受ける。認知能力や行動的な技能が欠けていれば、選択可能性が制限されるか、自分の好きなことを実現する機会が少なくなる。したがって、自由は能力の育成によって助長される。人が自分の知識や能力をどのように利用するかは、部分的にはその人の自己効力の認知に依存している。自分が無力だと思っている人は、選択の余地を狭め、能力の範囲以上に活動することを避ける。自己不信や恐れに基づく心理的な障害のほか、内的な基準の厳しい人は、携わる活動範囲が狭くなる。このように、認知的な水準で拘束を受けている場合には、自信を強め、自分自身に課す内的基準を変えることによって、自由を拡大することができる。

いかなる個人に対しても完全な自由が与えられるということは、一方では他者の自由を侵害することになる。だから、自由が最大限に許される場合でも、それを実施する際には、社会は何らかの制限を設けなければならない。ところが、反社会的行動を社会が禁止するとなると、新たな制限が生まれてくる。

自由の行使とは、選択権やそれを追求する手段のほか、権利という意味にもなる。自由への闘争は、基本的には、強制的な統制からある行動を守るために社会制度的な保護を作ることを目ざすものである。このような集団レベルでは、人々が享受できる自由は社会構造の中に制度化されている。ある活動に及ぶ社会の司法権が少ないほど、行為の選択に対して自己影響がより大きな因果関係を持ってかかわってくる。社会体系の中に保護的な法律が組み込まれてしまえば、慣習的価値や既得権を要求する人々に対して、社会は関与しない。公認されない政治的支配を法律的に禁止することによって、単なる自己欺瞞的な信念や哲学的な抽象とは異なる現実の個人の自由が創られるのである。

12・決定論と責任

自己影響の能力は、自分で方向を決めていくという利益だけでなく、責任をも伴う。したがって、決定論は、個人の責任と相容れないものではない。行動は、常に、ある状況の下で追求可能なさまざまな選択権の中からの選択を伴っている。ある特定の方法で行動しなければならないような状況に直面しても、人は自己影響を及ぼすことによって別の行動を選ぶことができるし、また、実際にそうする。明らかに、人は行動決定の唯一の決定因ではなく、まさに自分自身の行為に因果関係を持っている。また、その行為は、周囲の状況の性質を作り上げているのである。人は、いかに環境が行為に影響するかをある程度統制することができるので、自らの行動に対する責任を全く免れることはできない。行為に対して個人は部分的に因果関係を持つので、少なくとも、それに見合う部分的な責任が伴うのである。

このような考え方について次のような議論が起こるかもしれない。たとえば、非行少年を例にとると、環境が個人を作るのであるなら、どうして個人に責任があるだろう、という議論である。これには次のような反論が成り立つ。非行少年の問題を責任という観点からとらえようとするならば、彼自身の判断や、そうした判断を抱かせるような社会の責任をも問わなければならない。もしも個人が自分の行動について責任を持つ必要がないという考え方をするならば、何も好んで社会によって非行少年にされることもないということにもなるのである。人間の自己決定能力や自己影響力は、いかに行動するかについての責任を伴っているのであり、これらを認めることによって、われわれはより良い社会を築くことができると考えるのである。

第Ⅲ部　日本における社会的学習理論の研究

1 観察学習の分析

一昔前、「ウルトラマン」という巨大な宇宙人が凶悪な怪獣を退治する内容の連続テレビ番組があった。メキシコなどの諸外国に輸出されたこの人気番組は、子どもたちを大いに楽しませ、主人公の動作が当時の子どもたちの間で流行となったほどである。テレビを見ることの多い現代の子どもは、そこから多くのことを学んでいく。モデルとしてのテレビの影響が子どもの学習や発達にいろいろな形でかかわっている。

このような見ることによって学ぶ観察学習を分析すると、いくつかの過程から成り立っていることがわかる。[2・3] まず、子どもはウルトラマンや怪獣といった魅力ある対象をよく見る（注意過程）。そして、主人公や怪獣の姿や動作をイメージや言語の助けをかりて記憶し、テレビ終了後でも覚えている（保持過程）。さらに遊びの中で主人公が光線を発するときの動作や、空中を飛ぶ姿勢を実際に演じてみせる（運動再生過程）。そうした動作は子どもでも簡単に演じられるものである。しかし、仲間との遊びの中では主人公を模倣したがる子どもはいても、怪獣を模倣しようとする子どもはまずいない。その理由は、モデルとしての怪獣はテレビの中では常に退治される悪役であり、罰せられる対象であるから、子どもはその罰を認知して、怪獣を模倣しようとはしないのである（動機づけ過程）。また、怪獣の姿や動作を記憶してはいるが、実際に怪獣を模倣する子どもはいないように、見て学ぶこと（習得）と実際に行動として表わすこと（遂行）とは異なっている[2]。

昭和五十七年七月に来日したバンデューラ教授は、こうした観察学習の四つの下位過程や、習得と遂行の区別について情熱をこめて語ってくれた。バンデューラは現在、新著を執筆中であり、その中でピアジェ理論とバンデューラの社会的学習理論との差異点を詳しく論じているとのことであった。両者論の違いを二、三挙げてみよう。ピアジェ理論では、模倣が起こらないのをシェマの分化が十分でないためだと説明するのに対し、社会的学習理論では刺激に対する注意の不適切さ、保持の失敗、運動能力の不備、不適切な動機づけの結果という四つの下位過程の一部あるいは全部の未発達さで解釈する[2]。また、ピアジェ理論では全く新しい示範行動は同化・学習されないと考えるが、バンデューラは新奇な行動でも困難ではあるが習得できるとする[3]。したがって、観察学習の研究では、両理論の比較検討を行ううえで、下位過程を分析的に検討する発達研究や新反応形成の問題が非常に重要となってくる。

昭和五十七年、七月九日、十日に広島で開催された、バンデューラ教授を迎えての「観察学習」西部地区セミナーでは、二十編に及ぶ研究発表が行われた。その発表内容は幼児・児童を対象にしたモデリング効果の基本的心理メカニズムを取り上げた研究[1・5・8・9・11・14・15・16・18・19・20・23]に加えて、幼児・児童の道徳判断[13]、満足遅延行動[6]、性役割[12]、自己強化[4]、保存[7]、認知スタイル[22]、そして愛他行動[10・17]など広範な認知的・社会的行動のモデリング研究であった。さらに、参加者とバンデューラとの間で社会的学習理論に関する活発な討議がなされた。本章では二十編の発表のうち、下位過程や新反応形成に関連した分析的研究を取り上げ、セミナーでの討議を織り込みながら、最近の本邦の観察学習研究の一端を紹介していく。

(1) 観察学習の下位過程

バンデューラの社会的学習理論は、従来の学習理論とは異なり、認知過程の役割を重視する点が特徴的である。バンデューラは行動の習得には認知機能が重要な役割を果たすとして、観察学習を成立させる、相互に関連を持つ四つの下位過程――注意過程・保持過程・運動再生過程・動機づけ過程――を仮定している。(2・3)

(1) 注意過程

人はモデルの示範内容のすべてを見ているわけではなく、興味ある特徴的な情報を選択的に注意する。何を注意するかはモデルの示範刺激の特徴や、観察者の特質、およびモデルと観察者との人間関係などによって決まることが明らかとなっている。注意の決定要因の中で特に重要なものが、モデルと観察者との人間関係である。(3) 観察者はどのモデルを注意深く観察して、どのモデルを無視するのだろうか。

中沢(15)は「児童の観察学習におよぼす社会測定的相互選択――排斥友人モデルの効果」と題する発表で、実験操作上のモデルと観察者との関係ではなく、日常生活での両者の関係を取り上げた。小三児童を対象にして、学級内の友人関係をソシオメトリックテストで調べ、相互に選択、相互に排斥した両方の友人を持つ児童を対象児として抽出した。対象児童に対して相互に友好的な関係を持つ児童をモデルとした相互選択モデルと、非友好的な児童をモデルとした相互排斥モデルを設定して、モデルが示範した二者択一課題の選択反応の模倣傾向を調べた。その結果、観察者は相互選択モデルの選んだ刺激を選ぶ傾向が高く、友好的関係を持つ友人である相互選択モデルがモデリングの対象として選ばれやすいことが見出された。子どもの社会化を考えれば、周囲の人間が社会化の担い手としてのモデルとなる。日常場面での現実の人間関係を取り上げ、子どもがどのようなモデルを選択するかをみたこの研究は興味深い。

次に、後浜[1]は「観察学習の習得と遂行に及ぼす次元偏好性と前訓練の効果」の発表で、刺激のある側面にしか注意を向けないことが、観察学習にどのような影響を及ぼすかを検討した。取り上げた変数は弁別学習の次元偏好性であった。次元偏好性とは課題刺激の持つ複数の次元の中で、自分の好む次元（たとえば形）にしか注意を向けず、他の次元（たとえば色）を無視するために、課題解決が困難となる現象をいう。この実験では、まずプリテストで色と形の分類カードを用いて、形次元に偏好を示す幼児を抽出した。彼らは色次元に注意を向けないために、課題解決に結びつく次元が偏好次元と異なる色次元のテストでは、モデルが弁別学習を示範しても学習解決ができず、観察学習の効果はなかった。他方、他の次元、すなわち色に注意を向けさせ、その次元に基づいた反応をさせる前訓練を与えられた形次元偏好児は、弁別テストの適切次元が色次元であってもほぼ全員が学習基準に到達し、観察学習が成立した。すなわち、他の次元にも注意を向けさせる前訓練によって、複数次元に注意することが可能となり、弁別学習を観察する際には、適切次元が偏好次元である形次元であろうと非偏好次元の色次元であろうと関係なく、柔軟な反応ができて学習成立に至った。こうして幼児期に顕著な、特性次元にしか注意を向けない次元偏好性が観察学習に大きな影響を与えていたことが確認された。

(2) 保持過程

注意し観察した事象はイメージや言葉の媒介によって保持される。そして、長時間保持されることでモデルの手がかりがなくなった後でも、行動として再生される。観察学習の保持過程にはイメージと言語の二つの表象系が含まれているが、それらの表象系の発達的変化を幼児・児童を対象にして調べたのが、石井[14]が発表した「観察学習における象徴的表象化の役割」である。

従来の保持に関する研究では、教示によって符号化やリハーサルを喚起させたり抑制させたりする手続きを用いてきたが、こうした手続きには、特に年齢の低い幼児の場合に、教示された方略を確実に使用している保証がないという問題がある。そこでこの研究では刺激特性を変化させることで符号化の喚起を操作した。すなわち、高具体性刺激（動物の線画）と低具体性刺激（動物のシルエット）を設定して、視覚的イメージによる記憶手がかりと自発的な事例への命名効果を操作した。一方、刺激に対する命名条件（あたりは○○です）を加えることにより、潜在的な自発的言語コーディングを顕在化させる操作を行った。年長幼児、小三児童、および小五児童に三選択課題を選択するモデルを呈示してモデルの反応との一致行動を調べた。結果をみると、幼児や小三の段階では低具体性図形での成績が、高具体性図形の場合と比較して劣っていたが、小五児童では具体性の高低による差異はみられなかった。この事実は小五の段階になると、低具体性刺激のイメージ符号化の乏しさや言語符号化の困難性を克服する能力が発達しているのに対し、幼児や小三児童ではそれがまだ十分発達していないことを示している。また刺激の命名により、幼児と小三のみならず、小五児童にも成績の上昇が認められた。これは小五の段階でも言語符号化は自発的なものだけでは十分でないことを推測させる結果である。この研究は符号化による保持能力の発達過程をイメージと言語について調べた研究であるが、刺激の具体性を操作したため、刺激の明瞭さとか複雑さといった注意過程の要因が入り込む点で難点が残る。

(3)　運動再生過程

観察によって学習した事実を実際に行動として外顕化させるのが運動再生過程である。本邦ではこの過程に関する実験研究はごく少なく、本セミナーの発表の中にも関連する研究はなかった。しかし、年少の子どもでは、習得してはいるが、運動再生能力が不備なために遂行しないことも当然予想される。各下位過程の分析研究を総合的にとらえ、子どもの観察学習の発達を正しく理解するためにも、この運動再生過程の分析的研究が望まれる。

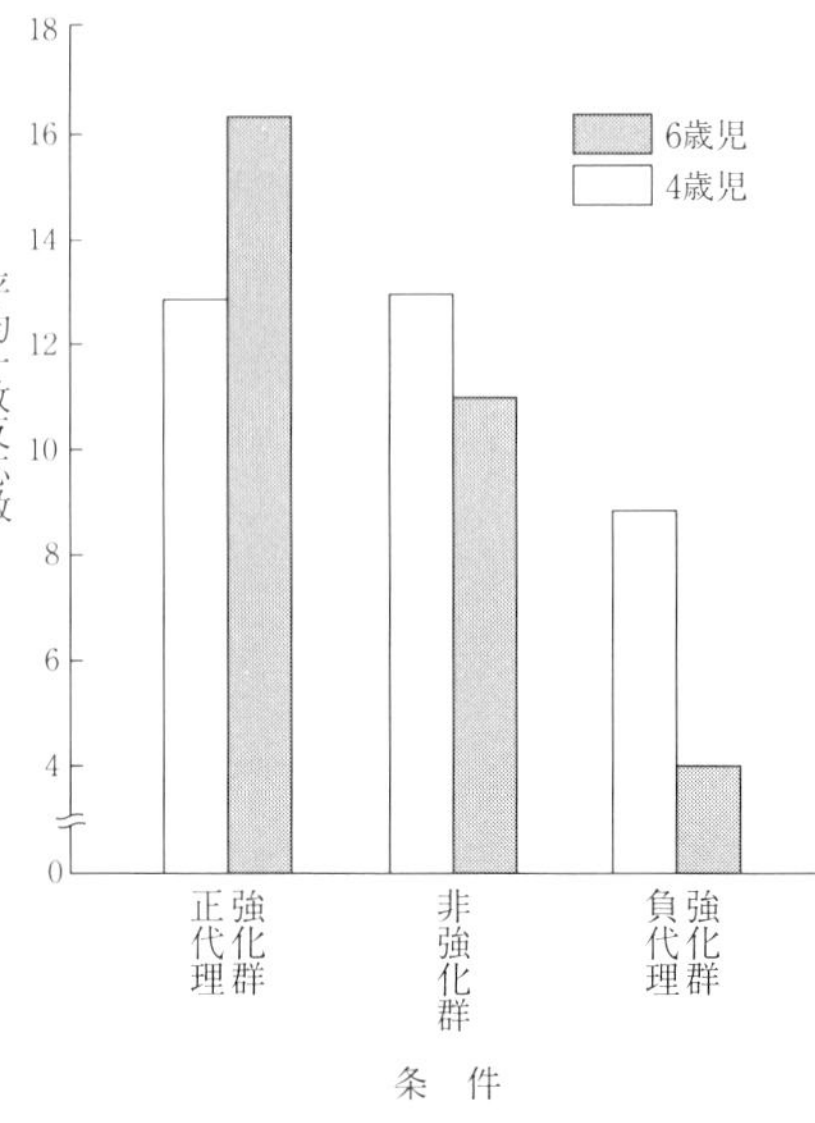

図Ⅲ-1　各年齢群と各代理強化群の遂行テストにおける平均一致反応数

(4)　動機づけ過程

観察によりモデルの行動を習得して、それを実行に移す運動能力を備えていても、常に外顕的な行動として生起するわけではない。習得した行動のうち、どれを遂行するかということには動機づけが大きくかかわってくる。動機づけ過程には外的強化、代理強化、自己強化の三種類の強化が含まれている(2)。本邦の最近の諸研究を概観すると、この動機づけ過程に関する研究は盛んで、特に学習理論の立場からの代理強化の研究が多い。バンデューラは代理強化に、情報機能、環境の弁別機能、誘因的動機づけ効果、情動覚醒の代理的条件づけと代理強化、モデルの地位の変容、および強化を与える者の価値づけの六機能があると主張した(2)。その中で、代理強化の環境弁別機能を対象とした発達研究が、佐藤(16)(容)の発表した「代理強化機能の発達差」である。代理強化の環境弁別機能は、過去にモデルとの一致反応を増加させ、逆にモデルが罰を受ける事態ではモデルとの一致反応を回避することで示される。六歳児と四歳児に、日用品を描いた線画のうち動物（あるいは植物）のカテゴリーに属する刺激を一貫して選択する行動をモデルが示範した。その際、モデルの反応に正の代理強化を与える群、負の代理強化を与える群、および代理強化を与えない群の計三群を設定した。結果をみると、六歳児では代理強化からの情報に基づいて、正の代理強化を受けたモデルに対しては一致傾向を示し、負の代理強化を受けたモデルには、逆に強い回避傾向を示した。他方、四歳児の場合は正の代理強化を受けたモデルに対する一致傾向は弱く、負の強化モデルへの一致反応回避傾向も弱いものであった。これらの結果から、代理強化から伝達される情報を処理する能力に年齢差があり、情報を正しく理解できるのは六歳以上だと結論された。

強化には一致行動の外顕的表出に影響する機能のほかに、モデリング刺激に対する選択的な注意活動を促進させることによって、観察学習に影響を与える機能がある。この機能に関連した、堂野の発表[8]「観察学習に及ぼす動機づけの効果」では、観察学習課題に対する外的強化による動機づけがその後の課題遂行に及ぼす効果を検討した。幼児を対象として、課題解決をして報酬をもらうと、後で最も遊びたい遊具で遊ばせることを約束した高動機づけ群と、遊びたくない遊具で遊ばせると教示した低動機づけ群の二群を設定した。習得試行では、観察者（観察学習者）はモデルとなる被験児（直接学習者）の弁別学習課題の遂行を観察した。それに続くテスト試行では両群に弁別課題を遂行させることにより観察学習と直接学習の比較を行った。高動機づけ群では直接学習と観察学習の成績に差はなかったが、低動機づけ群では、直接学習の効果のほうが大きく、動機づけは観察学習に促進効果を持つことを報告した。

観察学習は注意、保持、運動再生、動機づけの四つの下位過程を含んでいるが、これは観察学習が注意から始まることを意味しない。セミナーの討議の中での、観察者からすると注意しようとする意図や動機が出発点となるのではないかという質問に対して、バンデューラはそれを認めて、注意以前の構え・態度に関与する要因は確かに存在し、子どもを注意させるには、注意を喚起させる事態を設定する必要があると答えた。この考えはバンデューラの著作[2・3]でも明らかであり、注意の前に予期的強化刺激が存在しているのである。したがって、この場合、強化は主に習得にかかわり、観察者がモデルと一致した反応を行うと正の強化を受けることを予期すれば、モデルの示範行動への注意を増大させ、ひいては代理的学習過程に影響を及ぼす。このように四つの下位過程は、注意・保持・運動再生・動機づけの順に遂行する一方向的なものではない。

(2) 新反応形成・観察学習効果

以前から学会などで常に議論の対象となってきたのは、観察者はモデルの示範行動から何を学習したのかという問題である。この問題に対しては、各研究者は十分注意を払ってきたとはいえず、あいまいな点が多い。しかしながら、バンデューラの社会的学習理論では観察により何を学習したかは非常に重要な論点となる。その理由は、ピアジェ理論との対立を鮮明に打ち出す際には、モデリングによる新反応形成が重要となり、バンデューラは困難であっても新反応の習得は可能だと仮定するからである。それに対してピアジェは、観察者にとって新奇な示範事象は学習されないとする。バンデューラの観察学習理論の目的は、すでに存在する反応の社会的促進や、制止および脱制止を説明することではなく、以前には決して行うことのなかった新しい反応が、モデルの観察により習得される過程を説明することであり、ピアジェ理論やオペラント行動理論がなし得なかった解釈を行うところにある。新反応形成を実証するためには、課題として観察者の行動レパートリーにない新奇な反応を用いればよいが、その他にも発達的に高次な反応を取り上げれば、発達水準の低い者にとってはその反応は新反応といえる。

田中の発表[21]「幼児の観察学習に及ぼす前訓練の効果」では、モデリングにより習得させようとする反応レパートリーを持たないことが確認できる分類課題を使用して、新反応形成の問題に取り組んだ。用いた課題は四枚の選択カードから、標準カードと仲間になるものを選択させる分類課題であった。各カードは六個の刺激図形から成っている。取り上げた選択反応は、標準カードと同じ刺激が描かれているが、並び方の異なるカードを選ぶ形態選択と、標準カードと刺激の図形は異なるが、並び方が同一のカードを選ぶ系列選択である。プリテストにより、年少児に特徴

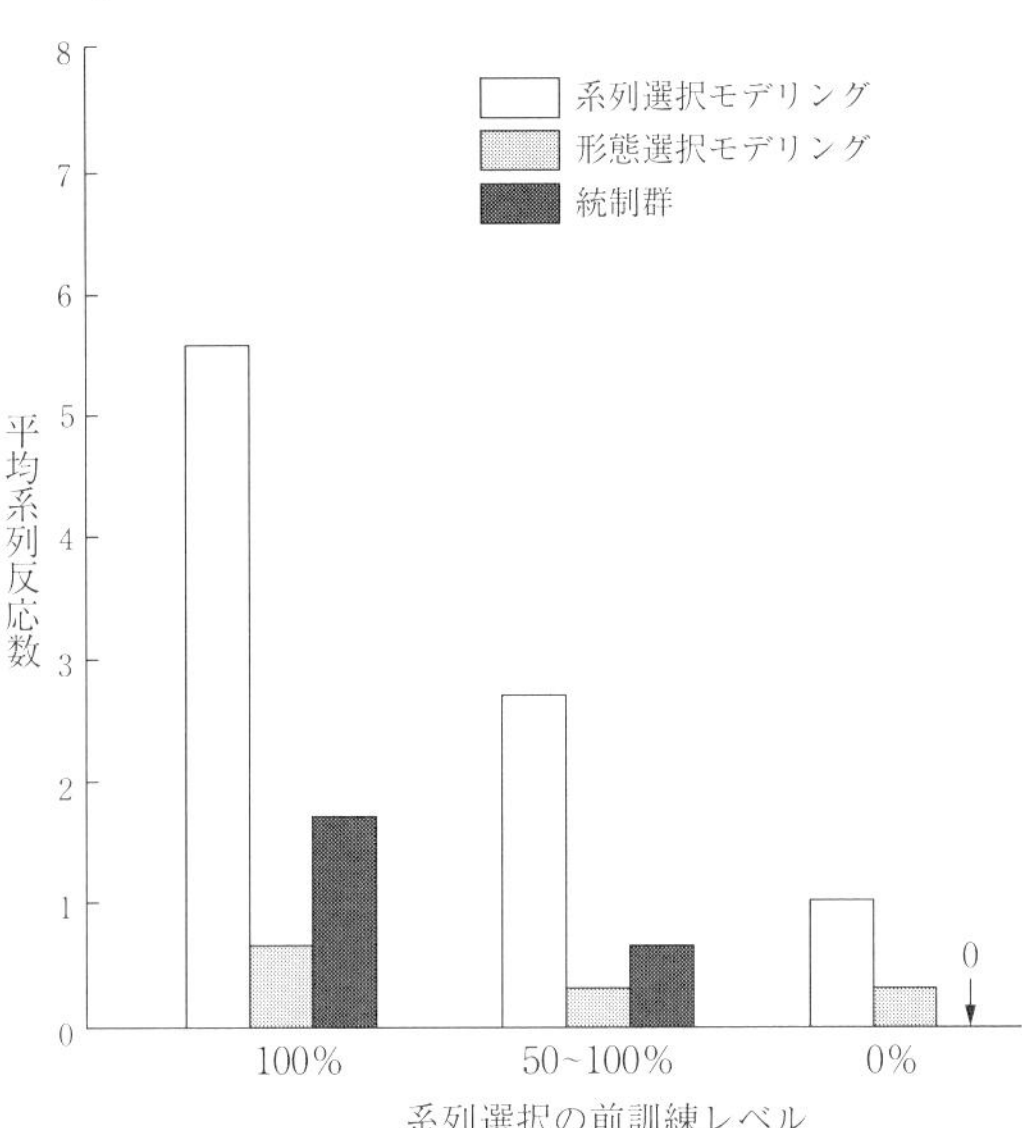

図Ⅲ-2　模倣テストにおける平均系列選択反応数

的な発達的に低次な形態選択反応しか持たない幼児を選択した。したがって、彼らにとっては系列選択は発達的に高次な新反応となる。形態選択児に系列選択を示範するモデルを呈示した結果、系列選択反応は生起しなかった。他方、直接的に系列選択を教示する前訓練を与えられた後に、同様なモデリングを行うと、系列選択が多くみられた。これらの結果から、モデリングのみでは発達的に高次な水準の系列選択反応を喚起することは困難であり、モデリングによる新反応形成作用は疑問だといえる。しかしながら、この実験ではポストテストで仲間だと思うカードを一枚だけ選択するように教示した遂行テストしか行っていない。したがって、前訓練を与えないモデリングのみの群で系列選択がみられなかったという結果には、系列選択を習得してはいるが、被験児の好みで形態選択反応しか行わなかったという危険性が残っている。ここで、遂行テスト以外に、ほかにも選び方がないかどうかを聞くテストを行うべきであろう。

新反応形成に言及してはいないが、平井の発表した「条件づけの方向と成熟水準が子どもの道徳判断のモデリングにおよぼす効果[13]」では、ピアジェの提唱した道徳判断——客観的判断と主観的判断——を用いて、発達的に高次な主観的判断を示範するモデリングの効果を検討した。客観的判断を示す幼児に、主観的判断を示範するモデルを呈示した結果、客観的判断から主観的判断という段階間の変容はみられず、観察学習によって発達的に高次な反応は習得されにくいという結果を得た。

以上の研究には、強力なモデリング条件での検討が課題として残されてはいるものの、モデリング効果の限界を示す結果を得ている。バンデューラ自身、「もちろん全く新奇なものよりもほどほどに既知なことのほうが学びやすいのは確かであるが[3]……」と弁明しているが、このように言うとピアジェ理論との対立点が不明瞭になろう。

発達方向と逆行するモデリングも効果が弱い。前述の道徳判断の実験では、主観的判断を示す小三児童に客観的判断を示範するモデルを呈示したが、効果はなく主観的判断の段階にとどまっていた。保存課題を用いた金子の発表による「保存モデリングに及ぼす発達水準の影響[7]」においても、保存反応を示す幼児に、非保存モデルを呈示した結果、得点が下がった人数はごくわずかであり、その得点変化も一点の被験児がほとんどで、モデリング効果はごく弱いものであった。バンデューラはこれらの研究に対して、モデリングにより変容をみる場合は強力なモデル、すなわちモデル同士が議論をして、最終的に多数のモデルがある意見を採用する過程を示範する複数モデルを使用すべきだとコメントした。確かに考慮すべき点であるが、金子の研究では、非保存モデリングと同一の条件で、保存概念の十分でない幼児に保存モデルを示範した場合は大きな変容を認めており、相対的にみて発達方向に逆向するモデリングの効果は弱いと結論できる。

これらは子どもの認知能力の発達水準をプリテストで査定して、その発達水準が観察学習に影響を及ぼす要因となることを示した研究である。今後はさらに、各下位過程の発達水準をプリテストで査定して、発達要因がどのように観察学習にかかわってくるかを分析的に検討する必要がある。また各下位過程の機能を訓練して、それにより観察学習に必要な能力がどのように変化するかをみる研究も重要である。

(3) 方法論上の問題

個子の研究発表とは離れて、西部地区セミナーで議論の対象となった方法上の諸問題に言及しよう。

(1) 習得テストと遂行テストの一貫性

観察学習研究では習得と遂行を明確に区別するバンデューラの提唱は、研究者に広く受け入れられている。そこで、習得テストと遂行テストの二種類のテストを行う実験が多い。ところが、二種類のテストを行うことで、観察学習効果の査定があいまいになる場合がある。具体例として、モデルが一対の刺激カードから常に「乗物」を選ぶ概念カテゴリー学習事態を考えてみよう。この事態では、観察者には「乗物を選べば当たり」という抽象的性質(概念カテゴリー)を学習することが要請されている。そこでモデリング後の遂行テストで「当たりと思うほうを選びなさい」と教示することには問題はないが、習得テストで「モデルはどちらを選びましたか」と問う場合は、遂行テストでみた概念学習とは別の、具体的な記憶内容をみるテストになってしまう。したがって、習得テストにおいては、「なにを選べば当たりだと思いますか」といった概念学習に関する事柄をたずねるような、遂行テストと同一の学習事象をみるものでなければならない。

(2) 観察学習に用いる課題

観察学習の下位過程には注意や保持が含まれているため、下位過程の分析的研究は知覚研究や記憶研究と大差ない場合が多い。しかしながら、単なる知覚、記憶課題では観察学習の有効性や新反応形成をみることはできない。なぜならば、観察学習の研究で主に問題となるのは特定の刺激と反応の連合ではなく、示範事象の抽象的特質だからである。(2) それゆえに、使用する課題としてはルールや方略を含む課題がよい。さらに一般的思考方略の習得をみるためには、般化課題を加える必要がある。

(3)　言語モデリングと行動モデリング

特に年少の幼児を対象とする場合、幼児は問題解決課題での言語教示にはあまり従わず、言語に注目させることは困難である。したがって、モデルがある行動を示範する行動モデリングを用いて、他児に注意させることが有効となる。問題解決課題で最も有効な手続きは、正しい遂行を示すことと、解決方略を言語で明らかにすることであるが、発達水準の低い被験児の場合は行動モデリングに重点を置く手続きを採用すべきであろう。

(4)　観察学習事態の要求特性

従来の観察学習研究で無視してきた実験事態の持つ要求特性に触れよう。実験者やモデルの要求に添った方向に、観察者が反応するような特性が観察学習事態にあり、特に実験者とモデルが同一人物の場合、観察者はモデルと同じ行動をするようになる。またポストテスト時にモデルが存在することにより、観察学習の効果が大きくなるという結果もある。こうした要求特性はすでに学習したことを遂行する際に影響を及ぼす要因であり、遂行測度を信頼あるものにするためには、要求特性が大きい実験事態、たとえばモデルがテスト時に同室している事態や、モデルと観察者が交互に反応する事態を避けたうえで、観察者の遂行をみることが望まれる。

〔引用・参考文献〕

（1）後浜恭子　一九八二　幼児の観察学習の習得と遂行におよぼす次元偏好と前訓練の効果　日本教育心理学会第24回総会発表論文集　六四六—六四七

（2）Bandura, A.（Ed.）1971 Psychological Modeling: Conflicting Theories. Chicago: Aldine-Atherton.（原野広太郎　福島脩

美訳　一九七五　モデリングの心理学―観察学習の理論と方法　金子書房）

（3）Bandura, A. 1977 Social Learning Theory. N. L.: Prentice-Hall.（原野広太郎監訳　一九七九　社会的学習理論　金子書房）

（4）平川忠敏　一九八一　自己強化基準の変容に及ぼす代理性自己強化基準と代理性外的強化基準の効果　祐宗省三（代表者）観察学習の成立要因ならびに観察学習様式に関する発達心理学的研究　文部省科研報告書　一―八

（5）平岡恭一　石田雅人　一九八一　観察学習における代理性強化の情報機能と動機づけ機能　祐宗省三（代表者）観察学習の成立要因ならびに観察学習様式に関する発達心理学的研究　文部省科研報告書　一九一―二〇四

（6）井上厚・佐藤容子・佐藤正二　一九八一　満足遅延行動とモデリング　祐宗省三（代表者）観察学習の成立要因ならびに観察学習様式に関する発達心理学的研究　文部省科研報告書　一七一―一九〇

（7）Kaneko, R., Tanaka, A., & Matsui, M. 1983 Comparison of natural and model-trained conservers. Psychological Reports, 53, 623-630.

（8）川島恵子・石橋由美　一九七七　幼児の代理性強化機能におよぼす動機づけの効果　心理学研究　四八　一一七―一二〇

（9）前田健一・嘉数朝子・今塩屋隼男・祐宗省三　一九八一　幼児の観察学習における代理性部分強化の効果　祐宗省三（代表者）観察学習の成立要因ならびに観察学習様式に関する発達心理学的研究　文部省科研報告書　一四五―一七〇

（10）松崎学・祐宗省三・堂野恵子　一九八一　児童の分与行動におよぼすモデリング効果に関する研究　祐宗省三（代表者）観察学習の成立要因ならびに観察学習様式に関する発達心理学的研究　文部省科研報告書　四九―六五

（11）持留英世・横山正幸・田中敏明　一九八一　観察学習における示範行動の習得と遂行に及ぼす動機づけの効果　祐宗省三（代表者）観察学習の成立要因ならびに観察学習様式に関する発達心理学的研究　文部省科研報告書　一〇五―一一二

（12）中川伸子・祐宗省三・松下正人　一九八一　幼児における複数モデルによる選択反応の変容――観察者の性とモデルの性との関係を中心として――祐宗省三（代表者）観察学習の成立要因ならびに観察学習様式に関する発達心理学的研究　文部省科研報告書　八三―九〇

(13) 中川伸子・石橋由美・平井誠也　一九八一　条件づけの方向と成熟水準が子どもの道徳判断のモデリングにおよぼす効果　祐宗省三（代表者）観察学習の成立要因ならびに観察学習様式に関する発達心理学的研究　文部省科研報告書　一一三―一一六

(14) 中沢潤・石井真治・祐宗省三　一九八一　観察学習における象徴的表象化の役割　祐宗省三（代表者）観察学習の成立要因ならびに観察学習様式に関する発達心理学的研究　文部省科研報告書　九一―一〇四

(15) 中沢潤・後浜恭子　一九八一　児童の観察におよぼす社会測定的相互選択――排斥友人モデルの効果　祐宗省三（代表者）観察学習の成立要因ならびに観察学習様式に関する発達心理学的研究　文部省科研報告書　九―一八

(16) 佐藤正二・佐藤容子　一九八〇　代理強化の認知様式における発達的差異　心理学研究　五一　一四五―一五一

(17) Sukemune, S., Dohno, K., & Matsuzaki, M. 1981 Model and motivational cost effects on helping behavior through modeling in preschool children.（祐宗省三（代表者）観察学習の成立要因ならびに観察学習様式に関する発達心理学的研究　文部省科研報告書　四一―四八）

(18) 玉瀬耕治　一九七九　道徳判断におよぼす強化の組合わせの効果　日本心理学会第43回大会発表論文集　二九一

(19) 玉瀬耕治　一九八〇　道徳判断におよぼす二重強化の組合わせの効果　日本心理学会第44回大会発表論文集　三〇〇

(20) 玉瀬耕治　一九八一　道徳判断におよぼす代理強化の組合せの効果（2）　日本教育心理学会第23回総会発表論文集　八八―八九

(21) 田中昭夫・井口均・田崎権一・祐宗省三　一九八一　幼児の観察学習に及ぼす前訓練の効果　祐宗省三（代表者）観察学習の成立要因ならびに観察学習様式に関する発達心理学的研究　文部省科研報告書　一二七―一四四

(22) 山崎晃・祐宗省三　一九八一　認知スタイルの変容に及ぼす先行失敗経験とモデリングの効果　祐宗省三（代表者）観察学習の成立要因ならびに観察学習様式に関する発達心理学的研究　文部省科研報告書　一九―三二

(23) 善岡宏・宮崎正明・村田義幸・沖本守正・山口茂嘉・平井誠也　一九八一　課題解決行動の学習における直接学習と観察学習の比較　祐宗省三（代表者）観察学習の成立要因ならびに観察学習様式に関する発達心理学的研究　文部省科研報告書　二〇五―二一八

（注1）本文では西部地区セミナーでの発表者と発表題目としたため、引用文献欄とはその内容が異なっている場合がある。

（注2） p. 163堂野は旧姓川島（恵子）である。

2 モデリングと人間の強化の概念

動物実験を背景に持つ伝統的強化理論に対して、社会的行動理論を中心として展開してきた人間行動の制御に関する新しい視点は、認知的プロセスを行動理論としてどのように分析していくか、すなわち人間における強化の概念の再考に基づいていたといってもよいであろう。行動理論は外部で起こる結果を直接経験することによってのみ行動が制御されるという「印象を培養」[1]してしまったが、バンデューラは、人間行動の強化制御において、この外的強化と同等の位置を代理強化と自己強化に与え、さらに観察学習での代理強化が必ずしも必要条件ではないとしたことは広く知られている。また、イメージのような私的事象に条件づけの原理を持ち込むことが可能であるという観点[5]から提出された内潜的強化の概念も加えて、人間の学習における強化の概念は、理論的にも臨床の場においても、多種多様な定義づけ、あるいは展開がなされているように見受けられる。個々の強化の概念については、すでにそれぞれ詳細な検討が加えられているが、ここでは社会的学習理論の系譜において、これらの強化の概念がどのように相互関連するのか、さらに伝統的強化理論に対しての独自性がどこに存在していたのかを、昭和五十七年七月十九日に東京で開かれたバンデューラ教授のセミナーでの研究発表を中心に考えてみたい。

（1）行動決定の結果要因としての自己強化

人間行動の決定要因を生体内の認知的過程に想定する根拠は、直接の強化随伴性が同定されにくい状況でも、その反応がしばしば維持されるという現象に基づいている。確かに人間においては、その場における外的な強化随伴性に対して自律的な制御行動をとることができるというのは明白な事実である。さらに、本来、行動の形成・維持に対して促進的に機能すると考えられるような外的な強化が、むしろ、このような自律的なシステムに仮定される内発的動機づけを弱めるといった現象も報告されている[7]。

以上のような観点から、原野[12]は「自己産出的結果がつぎの行動の制御的要因となることを単に自己強化基準や報酬量の自己決定に帰するだけでなく、行動それ自身及びその結果がつぎの行動を駆動するための内発的動機づけ効果あるいは内発的強化因として働くのではないか」として内発的強化という概念を提出している。外発的強化と内発的強化の相互関係を検討するために、山口・原野・沢崎[34]らによって次のような研究が行われている。

オペラントレベルの測定のための第一セッションでは、保育園児が個々に特定の教示は受けず、いくつかの玩具のある部屋で、課題であるスマートボールへの従事が観察される。第二セッションは翌日の午前中に行われ、被験児はキャンデーによる強化を受ける外発的強化群、外的強化の随伴しない内発的強化群、およびスマートボールの器具がない部屋に連れていかれる統制群とに振り分けられた。第三セッションはその日の午後に実施され、外発的強化群において強化が撤去された旨の教示が与えられる以外は、内発的強化群の第二セッションと同じ条件で実験が進められた。

内発的強化群では外的強化の欠如にもかかわらず、外発的強化群と同様にゲーム行動時間や試行数が増加したことから、ゲーム行動に及ぼす内発的強化の効果が確認されたとしている。また、試行ごとの当たり球数や当たり回数が、条件間でもセッション間でも差がみられなかったことから、外に表われた成績や結果がただちに次のゲーム行動の直接的な駆動因になるという結果は認められないとして、内発的強化が駆動因としての機能を持つと結論づけている。

従来の自己強化研究は、原野の指摘するように、一つには自己強化基準という概念を非常に重視していたといえよう。しかし、これは自己強化研究が正答率の上昇や反応の収斂にポイントを置いていたことに由来している。何が行動を自発させるかという動機づけ機能に関しての分析が要望される一方で、バンデューラ[2]自身も述べているように、たとえば内発的動機づけのような仮説構成概念を設定する解釈については「その存在を行動の固執性や気がつかない外発的誘因があることから区別するのは容易ではない」ことのように思われる。

一方、自己強化研究についての展望[9]によれば、自己強化学習は「生体が内的手がかりに対して反応し、内的なルールによってフィードバックを受けている」と考えられ、この内的手がかりやルールの形成過程の分析や、内的手がかり・内的ルール事態での行動変容過程に関する研究が必要であるとされる。

(2)　行動の認知的制御

モデリングによって習得されるのは、特定の刺激―反応の連合ではなく行動のための内的モデルであり、自己強化研究の展望において福島によって指摘されたような基準は、社会的学習理論で仮定される表象的誘導システムに対応すると考えられる。社会的学習理論によればこのような表象系はイメージと言語によって構成されており、人間はこれらを巧みに操作することによって、予期的に事象をとらえ、内潜的に問題を解決することができる。さらには、主観的な随伴性の認知が、しばしば現実への適切な反応を困難にさせることすら指摘されている[2]。

コウテラ[5]はイメージの世界に強化の概念を導入できるとして、内潜的条件づけの理論を提唱しているが、思考やイメージのような内潜的活動に強化の原理をそのまま適用させるには、いくつかの点で無理があることが指摘されている[10]。これらの内潜的学習の中でも比較的問題が少なく、一致して効果が認められている内潜モデリングについての研究が、視覚表象を持たない先天性全盲者を被験者として、加藤・佐々木・福島[20]らによって行われている。

被験者は先天性全盲者、目隠し晴眼者、晴眼者で、ラットに対する回避行動が行動的接近テストと質問紙による自己報告とにより測定された。比較された手続きは、モデルが実験者との会話等を通じながら回避行動を克服していく過程を視聴覚的に体験するライブモデリング条件と、言語教示によりライブ条件と同内容のシーンをイメージさせる内潜モデリング条件、そしてプラシボ統制条件の三つであった。

行動テストの結果によれば、全盲群、目隠し群において、ライブ、内潜両条件の効果が確認されている。一方、晴眼者においては総じて有意な効果がみられず、わずかに自己報告において内潜モデリングの低減機能が認められている。

先天性全盲者の言語には、視覚的経験を伴わないがための特徴がいくつか見出されているが[6]、加藤らはこの結果から、行動変容においては視覚表象や直接の視覚的代理経験が必ずしも必要でないとし、観察学習によって習得するのは事象の象徴的表象であるという社会的学習理論の基本的仮定を押し進め、特に言語的コーディングを含めた言語行動の機能についての検討の必要性を指摘している。

(3)　言語行動と行動変容の認知的側面

内潜的学習の研究にみられるように、認知理論的実験での共通した問題の一つは、イメージのような個体の内部活動を独立変数として用いた場合の操作可能性にあることは多言を要しないであろう。人間の発達におけるイメージや言語などの表象系の機能については、ピアジェ、ブルーナーをはじめとして最近の認知心理学に至るまでさまざまなモデルが提出されているが、これらについて個別に分離して検討するのは必ずしも容易ではない。言語行動はその中で比較的、検証および操作可能性の高いものであるが、観察学習においても、示範事象を言語化する過程が生起しないとモデリングが成立しないことが示されており[14]、社会的学習理論の研究における言語行動の検討の必要性はきわめて大きいはずである。

自己強化とも関連して[26]、行動変容における言語行動、とりわけ自己教示の機能について、ルリヤ[21]やマイケンバウムら[23]などを出発点として、認知的行動変容論（cognitive-behavior modification）による研究が、近年増加の一途をたどっている。

坂野と内山[29]は、脱感作やフラッディングと比べてのモデリング技法の臨床的優位性に注目し、治療場面で形成された好ましい反応の維持という臨床的背景から、恐怖反応の変容における行動的・認知的・生理的側面の相互関係を自己教示法の効果とともに検討している。

女子大生のラットに対する恐怖反応が、行動・認知・生理の各要素に対応する測度として、回避行動テスト、恐怖反応評定尺度、心拍等により測定された。条件としては参加モデリング群、参加モデリングに外顕的自己教示を加えた群、および参加モデリングに内潜的自己教示を加えた群が設定された。

三条件とも各測度で効果が確認されているが、このことはそれぞれの測度でみられた変化が独立して生起しているのではなく、相互依存しながら生じていることが示されているとしている。また内潜的自己教示条件に関しては、他条件と比してプリテストとポストテストとの間の変化率の大きな者が含まれていたことと、特に恐怖反応評定尺度に

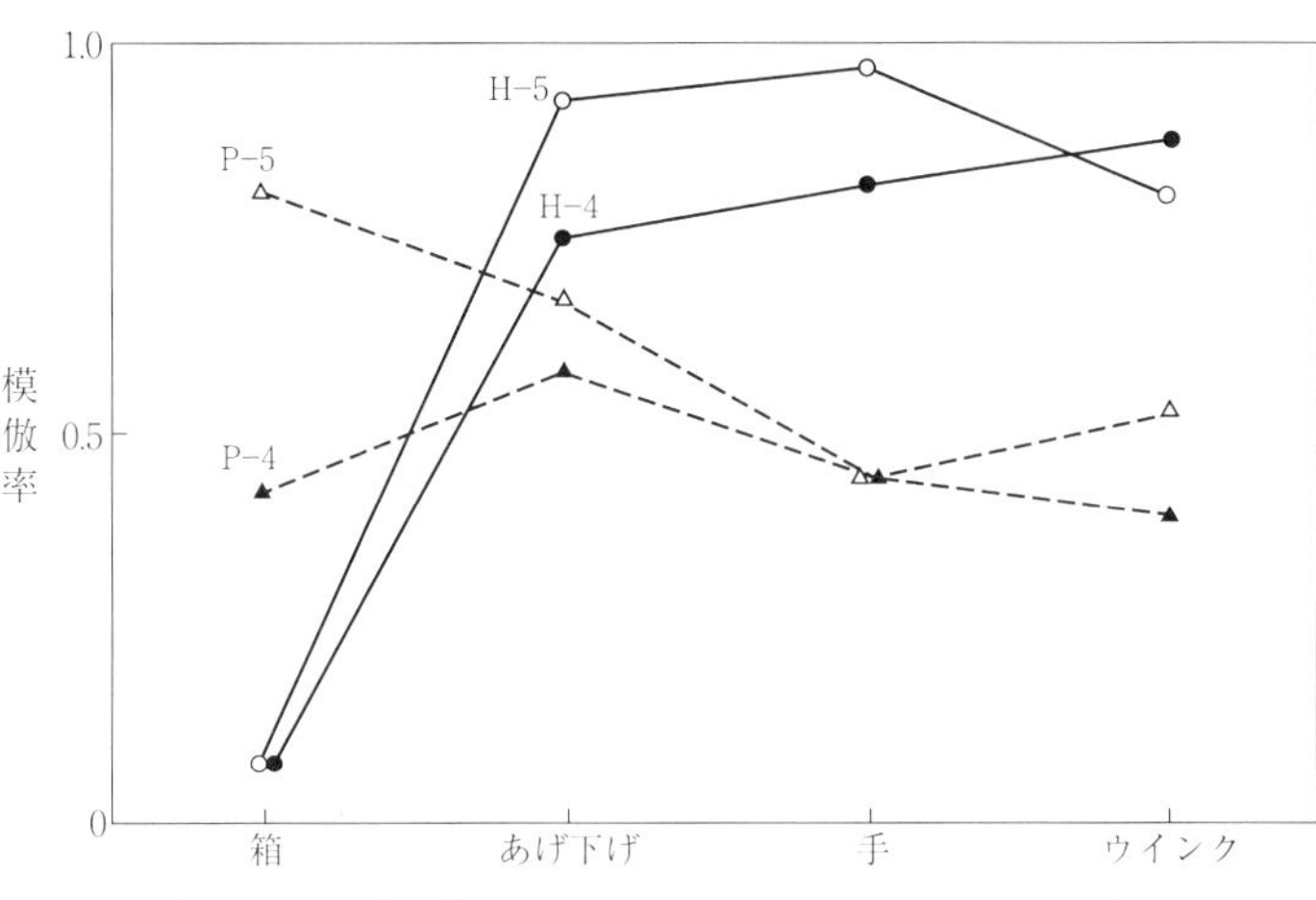

図Ⅲ-3　2種の模倣訓練を受けた後の般化模倣の出現率
P：対象性訓練群　4：4歳児
H：動作性訓練群　5：5歳児

顕著に表われていたこととから、行動目標の認知化と自律的統制の内在化によって行動変容が促進されるというマイケンバウムらの仮説がほぼ支持されたとしている。

(4) 社会的学習への行動分析的アプローチ

スキナーの徹底的行動主義はしばしばS‐R理論と混同されることがあるが、観察学習についての社会的学習理論派からの批判は、まさに強化理論に対してのものであり、行動分析的視点に対しては的を射ていないという指摘(24)がある。

望月はこの考察の中で、「バンデューラ派に主張される統合の方法が、行動が生じている時点での個体プロセスへの同時的分析であり、行動分析派が重視するその行動が生ずるに至るまでの個体史的発生的問題を無視する」として、先に出口ら(8)と行ったものと併せて、般化模倣パラダイムに関する二つの実験を山本・佐藤とともに報告している(25)。

第一実験では、「モデルの動作的（手を上下するような）反応に対する模倣訓練を施した幼児と、オモチャ箱を操作したりするような対象性のある模倣反応の訓練をした幼児とでは、般

図Ⅲ-4　モデリングの様式（望月）

化テストとして示されるさまざまな種類の反応群で、異なった模倣反応出現率を示す」という結果（図Ⅲ-3）を得ている。

さらに、模倣反応の強化の手続きを含まない、観察学習事態に近似した課題への転移の検討の中で、「単なる動作中心の模倣訓練を先行経験に持つ群では弁別が妨害され、対象性のある模倣訓練を先行経験に持つ群ではわずかではあるが促進されること。また、先の外的刺激手掛かりが存在しない課題では両群で統制群よりも弁別の促進がみられるが、手掛かりが存在する課題の場合とは逆に動作訓練群の方が対象性群より相対的にその効果が大きいこと」を報告している。

第二実験では、観察者の模倣に及ぼす二人のモデルの模倣行動の効果が、第一実験と同様の般化模倣パラダイムで検討された。条件としては、単一モデル条件、第二モデル強化条件、二人とも無強化条件、二人のモデル間にスクリーンあり第一モデルのみ強化条件、スクリーンあり第二モデルのみ強化条件、スクリーンあり無強化条件、の六つが設定された（図Ⅲ-4）。

模倣率はスクリーンなしの二人モデル条件が、スクリーン条件および単一モデル条件より高かった。また代理性強化が模倣に効果を示さなかったことと合わせて、二人モデル条件にみられるようなモデル間の「社会的関係」が重要であること、すなわち、一人のモデルが他方を模倣するような状況での二人のモデルの行為の外的類似性が観察者の模倣に影響するとして、ベアーとシャーマンの[3]「モデルの行為と観察者の反応間の類似性が条件性の強化機能を持つようになる」という見解を支持した。

(5) 相互的決定主義への展開

社会的学習には、「社会的行動の学習」と「社会的な方法」で学習するという二つの意味が与えられるが[18]、般化模倣も含めて観察学習は人間の社会的学習に関する「モナド（一方向）的研究[24]」であった。その意味でバンデューラによって提出された相互的制御の概念は、より幅広い人間行動の制御理論を目ざしたものといえよう。相互決定主義的視点自体は必ずしも新しいものではないが（たとえばスキナー[31]）、春木[15]は、この考えの独自的展開の中から二者間の制御行動の理論を提唱している。

春木の制御モデルは強化子の管理者と受け手がそれぞれだれであるかという二つの要因を基に四つの強化のタイプを仮定している。そのうち管理者が制御者であり、受け手が被制御者となる「おしつけ」強化はいわゆる外的強化として、また双方共に被制御者である「まかせ」強化は自己強化として既知のものである。ところが管理者が被制御者で、受け手が制御者である「うけとめ」や、共に制御者である「みとめ」のようなタイプの強化については、春木らの提唱する理論枠外では全く検討されていないとしている。

たとえば「みとめ」強化については、「子どもが学校でよい成績をとった時、それを直接ほめる（外的強化）のではなく、母親自身がそれを望ましいこととして喜ぶことによって、子供の勉強行動が強化される」という例を挙げて

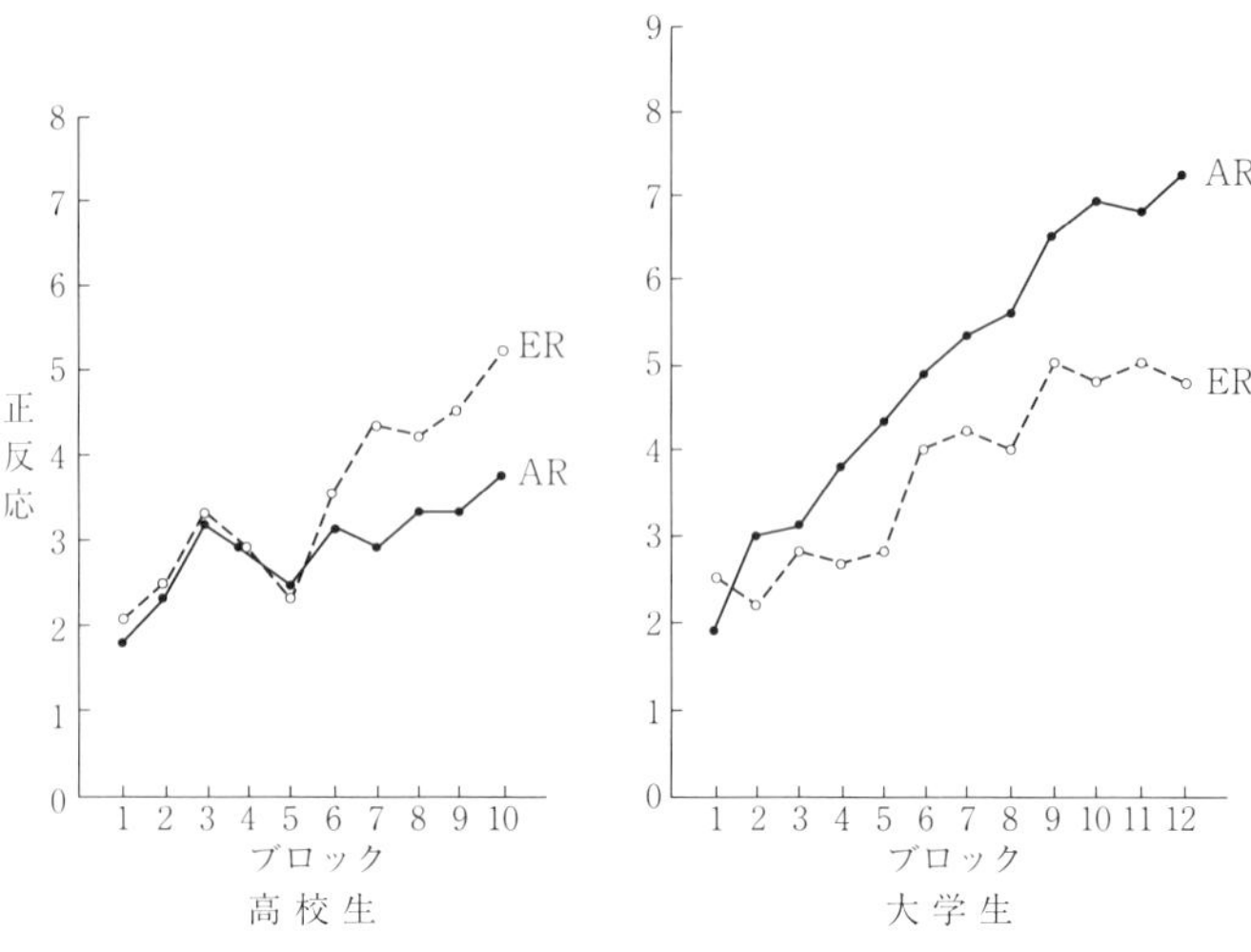

図Ⅲ-5　高校生と大学生における外的強化（ER）とみとめ強化（AR）の効果

いる。このような利他的行動においては当然のように年齢差が生じるであろうという観点から、根建・重久・佐々木・小川・井上・春木[27]はみとめ強化の発達的研究を報告している。

研究は三つの実験で構成され、実験一では小学校三年生と六年生を被制御者に、実験二では中学校二年生と高校二年生を、実験三では大学生を被制御者として実施された。制御者には大学生、院生があたっている。弁別学習を基本とした課題および強化子は実験ごとに少しずつ異なっているが、教示についてはいずれも、外的強化条件では「実験者から（たとえば）チップをたくさん集めるよう」に求められ、みとめ強化条件では「あなたの選択によっては、私（実験者）がチップを取ることができるので、できるだけたくさん取らせてください」のように求められるものであった。

正反応率の分析によれば、小学生においては実験者の性差を無視すれば、外的強化で学習が成立するのに反し、みとめ強化では効果がみられない。中学生も同様で、高校生になってはじめて、みとめ強化が効果を示すようになる。両条件に有意な差がみられなくなるのがこの段階で、さらに大学生になると、一部でみとめ強化の優位性も報告されている（図Ⅲ-5）。

以上の結果から根建らはみとめ強化が発達に伴って表われることを確認できたとし、さらにその効果が実験者の性差によって影響を受けることがあり、正答を知りながら拒否する事態が観察されたことなどから、制御行動における人間関係の重要性を強調し、彼らの主張するモデルによる研究の必要性を指摘している。

(6) 人間行動の理論と強化の概要

わが国におけるモデリング研究の萌芽期にあって問題となったのは、バンデューラの強化理論批判を反映して、動物実験から操作的に定義された強化の概念をそのまま人間行動の理論に導入することの可否、すなわち観察学習における強化の位置づけにあったはずである[13・19・28・33]。しかし社会的学習研究が短い盛りを終えた昨今では、学習理論の洗礼下にない世代、あるいは認知論的研究者によっては、その理論的背景よりも、手続きの相対的効率や臨床的有効性にのみ視線を走らせることも多いように思われる。

たとえば社会的学習理論派の「直接強化を原理とするオペラント条件づけを人間行動に適用する際には、現時点で生じている無試行・無強化の観察学習で生じる模倣の現象を説明するのに無理がある」[16]という指摘に関しては、社会的学習理論が習得した反応が遅延して自発することを認める以上、現時点での分析にとどまることは、むしろパラダイムとしての危険性すら感じられる。

このような視点は、一部の行動主義者にみられるようなヒストリーへの還元主義的説明に対しての批判としてならともかく、むしろ社会的学習理論は、何らかの強化随伴性に実際にさらされて形成・維持される随伴性形成行動（contingency-shaped behavior）以外の行動（ルール支配行動：rule-governed behavior）を重要視する行動分析的視点[32]と何ら矛盾するものではない。直接の弁別刺激が同定できない事態での一致反応の遂行に関しては、行動分析的には、観察学習事態で習得した強化随伴性に関するルール（もちろん言語行動に基づいた）を弁別刺激として自発するルール支配行動としてとらえることが可能である。

生体内に動機づけのような実体のない概念を仮定する立場と違って、「バンデューラらが主張する認知とは、外的な要因から全く独立して、それ事態、自律的に機能するものではなく、むしろ、外的影響の表象的側面という色彩が強い[22]」という指摘は、徹底的行動主義と社会的学習理論との類似性をきわめて端的に示したものであろう。

自己強化学習で福島が指摘したような内的手がかり・ルールは、まさにルール支配行動におけるルールそのものであり、内潜モデリングや自己教示にも共通しているこの言語行動の機能についても、「ヒトにおける強化スケジュール」[4]に関する一連の研究の中で、「いわゆる言行一致」[11]の形で分析が進められている。藤田らはこの分析の中でカタニアらの「言語報告のシェイピングが、反応の実際の強化随伴性にかかわりなく、シェイピングされた言語報告と一致して分化する」という結果を追試確認している。

行動分析[30]によってしばしば指摘されるこのようなルール支配行動の現実の強化随伴性からの遊離は、社会的学習理論における主観的な随伴性の認知による適応の困難と対応しているが、バンデューラの述べるような新しい反応の形成に関しては、般化模倣パラダイムをはじめ、行動分析においてあまり体系的な研究が行われてこなかったことも確かであろう。

オペラント条件づけにおける三項強化随伴性の枠組みは、言語行動としての意識の問題も含めて、社会的学習理論のいわゆる認知的過程の重要視という立場や豊かな現象指摘に対して、特に強化の概念に関して人間行動の新しい統合的視点を与えてくれるように思えるのだが、少なくとも社会的学習理論派からのそのような試みは全くみられない。

春木ら[17]の提唱する社会的行動理論は、バンデューラによって活性化された「社会」の概念の展開の中から、自己効力（セルフ・エフィカシー）にうかがえるような研究動向の認知理論化に対する警鐘として、人間の行動学の新しい発展を意図したものと位置づけられるかもしれない。春木らがモデリング現象も含めて人間行動における強化の概念を再検討し始めたことはきわめて高く評価できるであろう。

社会における現実の人間がそうであるように、人間行動に関する理論も必然的に多様で複雑な要因を考慮に入れなければならない。社会的学習理論がどのように発展していくのか、あるいはその成果を遺産としてどのように評価・展開させなければならないのか。いずれにせよ、「個々の過程に過度に執着した場合、下位の過程については集中的研究が促進されるかもしれないが、個別的に追求していたのでは人間行動に関する完全な理論を得ることはできない[2]」ことだけは確かなことのように思われる。

〔引用・参考文献〕

（1） Bandura, A. 1971 *Social learning theory*. New York: General Learning Press.（原野広太郎・福島脩美訳　一九七四　人間行動の形成と自己制御　金子書房）

（2） Bandura, A. 1977 *Social learning theory*. New Jersey: Prentice-Hall.（原野広太郎監訳　一九七九　社会的学習理論　金子書房）

（3） Bear, D. M., & Sherman, J. A. 1964 Reinforcement control of generalized imitation in young children. *Journal of Experimental Child Psychiatry*, 1, 37-49.

（4） Catania, A. C., Matthews, B. A., & Schimoff, E. 1982 Instructed versus shaped human verbal behavior: Interactions with nonverbal responding. *Journal of the Experimental Analysis of Behavior*, 38, 233-248.

（5） Cautela, J.R. 1971 Covert conditioning. A. Jacobs & L. B. Sachs（Ed.）, *The psychology of private events*. New York: Aca-

demic Press.
(6) Cutsforth, T. D. 1951 *The blind in school and society.* American Foundation for the Blind.
(7) Deci, E. L. 1975 *Intrinsic Motivation.* New York: Plenum.
(8) 出口光・望月昭・佐藤方哉　一九七八　4～5歳児における般化模倣の獲得と他課題への転移　日本心理学会第42回大会発表論文集　六〇四―六〇五
(9) 福島脩美　一九八〇　「自己強化」の強化機能をめぐる理論的検討　東京学芸大学紀要　I部門　三一、九―一九
(10) 福島脩美・松村茂治　一九七七　内潜的学習の理論と行動変容　春木豊（編）人間の行動変容　川島書店
(11) 藤田勉・望月昭・佐藤方哉　一九八二　ヒトにおける強化スケジュールの研究（Ⅷ）――“言行一致”をめぐって――　日本心理学会第46回大会予稿集　一一〇
(12) 原野広太郎・沢崎達夫　一九八〇　幼児のゲーム行動に及ぼす内発的強化の効果　日本教育心理学会第22回総会発表論文集　八八―八九
(13) 春木豊　一九七五　いわゆる観察学習における強化の諸問題――観察学習における諸要因の分析　日本心理学会第30回大会発表論文集　S二二
(14) 春木豊　一九七七　観察学習における媒介過程――観察者の反応レパートリーの分析――心理学研究　四八、八〇―八八
(15) 春木豊　一九七八　制御行動の理論――教育・治療の基礎としての行動理論――早稲田大学大学院文学研究科紀要　二四、一一―一五
(16) 春木豊　一九八一a　モデリングと教育　河合伊六・池田貞夫・祐宗省三編　現代教育心理学の展開　川島書店
(17) 春木豊　一九八一b　社会的学習理論とその展開　サイコロジー　一三、四、二四―三一
(18) 樋口義治・望月昭　一九八三　社会的学習　佐藤方哉編　学習Ⅱ　現代基礎心理学六　一五五―一八二
(19) 柏木恵子　一九七五　いわゆる観察学習における強化の諸問題――自己強化（self-reinforcement）の機能　日本心理学会第30回大会発表論文集　S二四
(20) 加藤元繁・佐々木正人・福島脩美　一九八二　盲人の回避行動の低減におけるCovert及びOvertモデリングの効果　バ

ンデューラ教授東京セミナー発表

(21) Luria, A. R. 1961 *The role of speech in the regulation of normal and abnormal behavior.* New York: Liveright.

(22) 松村茂治　一九八三　相互強化に関する一試論　東京学芸大学紀要　I部門　三四、一一五—一二七

(23) Meichenbaum, D., & Goodman, J. 1971 Trainging impulsive children to talk to themselves: A means of developing self control. *Journal of Abnormal Psychology,* 77, 15–126.

(24) 望月昭　一九七八　観察学習と般化模倣——社会的学習への行動的分析的アプローチ　心理学評論　二一、三、二五一—二六三

(25) 望月昭・山本淳一・佐藤方哉　一九八二　般化模倣に関する二つの実験——後続するいわゆる観察学習事態に及ぼす効果と二人モデルの示範効果——バンデューラ教授東京セミナー発表

(26) Neilans, T. S., & Israel, A. C. 1981 Towards maintenance and generalization of behavior change: Teaching children self-regulation and self-instructional skills. *Cognitive Therapy and Research,* 5, 2, 189–195.

(27) 根建金男・重々剛・佐々木和義・小川亮・井上聡・春木豊　一九八二　みとめ強化の発達的研究　バンデューラ教授東京セミナー発表

(28) 能見義博・金城辰夫　一九七五　いわゆる観察学習における強化の諸問題　日本心理学会第30回大会発表論文集　S二一

(29) 坂野雄二・内山喜久雄　一九八二　恐怖反応の消去に及ぼす自己教示の効果　バンデューラ教授東京セミナー発表

(30) 佐藤方哉　一九七六　行動理論への招待　大修館書店

(31) Skinner, B. F. 1953 Science and human behavior. New York: Macmillan.

(32) Skinner, B. F. 1966 An operant analysis of problem solving. In B. Keinmunts (Ed.), *Problem solbing: Research, method, and theory.* John Wiley. pp. 225–257.

(33) 祐宗省三　一九七五　いわゆる観察学習における強化の諸問題——観察学習における強化の組合せの効果　日本心理学会第30回大会発表論文集　S二三

(34) 山口正二・原野広太郎・沢崎達夫　一九八二　幼児のゲーム行動に及ぼす内発的強化の効果　バンデューラ教授東京セ

ミナー発表

3 社会的学習と教育

昭和五十七年七月十六日岐阜大学教育学部にバンデューラ教授を迎え、「社会的学習と教育」というテーマでセミナーが開かれた。

岐阜では社会的学習理論を教育研究の基礎として考えようとする立場から、心理学や教育学の研究者ばかりでなく、文化人類学の研究者も加えて、広い視野からの発表と自由な討論が行われた。この間、これらの発表や討論に対してバンデューラ教授の指導・助言を受けることにより、同教授の考え方を直接学ぶことができた。

以下当時のプログラムに沿って岐阜セミナーの成果を簡単に紹介することにしよう。

(1) 学習・育児の文化的特徴と社会的学習理論

大野木[4]は「日本の昔話および伝統的な芸道におけるモデリング態度」と題し、日本の諺をモデリング態度から考察し、二つの類型を示した。すなわち、「人の振り見て、わが振り直せ」のように、学習に正の成果をもたらすモデルと、「鵜のまねをする烏」のように負の効果をもたらすモデルとの対比を論じた。

また、「花咲爺さん」や「こぶとり爺さん」の話を絵本で示しながら、善人（モデル）が善行によって得た報酬を目当てに悪人がまねをすると罰を受けるというパターンの話が、日本の子どもたちに一つの倫理的な見方や行動の規範を与えてきたことを指摘した。

同じパターンの「こぶ二つ」という民話を中学校・高校・大学の一年生にそれぞれ聞かせて、その中に登場するモデル（善人）と模倣者（悪人）に対するＳＤ法によるイメージ調査の結果が示された。これによると、中学生は倫理的・情意的側面についてモデルに対しては正のイメージを模倣者に対しては負のイメージを持つ傾向があるが、年齢が高くなるにつれて、この傾向は弱まり、中立的なものになっていく。すなわち、モデリング態度が年齢によって変化していくことが明らかにされた。

また、わが国の伝統的芸道における修業の過程を琴、書道、能楽において取り上げ、その学習に対する基本的考え方は創造的モデリングにあると述べた。すなわち師匠と生活を共にしながら、師匠の芸を学び取っていく学習の形態や、臨書にみられるように、優れた書家の作品を模写しながら、同じ表現の過程を体験することによって高度な技法や感覚を身につけていく学習の過程が論じられた。

この発表に対してバンデューラ教授は日本の伝統文化の中にあるモデリング学習の考え方に強い関心を寄せ、社会的学習理論が日本に広く受け入れられたのも、こうした文化的基盤があるからであろうと述べた。負のモデルについては、到達し得ないような目標を掲げて失敗を重ねるよりも、到達可能な下位目標を逐次確実に達成していくことによってこうした障害を乗り越えていくことができるとした。また、創造的学習を導くモデリングの役割として、

① 学習達成のために必要で基本的な「道具」または「手だて」を提供する。

② いろいろなやり方を示すことによって学習者から独自のやり方を引き出させる。

③　課題をとらえる新しい視点を助成する。

という三点を挙げた。

技能習得のモデリングについては、最近のスポーツ心理学の技法が紹介された。目では速すぎて追えないような運動を映像でとらえ、コンピュータ・グラフィックで重要な運動機構を解析的にとらえながら、運動技能の習得、改善、開発が行われていることをテニスや水泳の例で説明した。

小嶋の研究[3]は「十七世紀中期より十九世紀中期における日本社会の育児観」と題し、十七世紀半ばより十九世紀半ばにかけて、わが国が西洋からの影響をほとんど受けず日本的文化を醸成させた時代の児童観や育児思想の解明がなされた。すなわち、学者、武士、医家、町人、農民、僧侶などあらゆる階級に属する人々によって書かれた児童に関する本、育児書、小説、詩、絵などより得られる情報を分析・統合して、当時の児童観、育児と教育、その理論や実践が論じられた。

この時代は孟子に始まる性善説をとる考え方が多く、貝原益軒はすべての子どもは五つの徳を持って生まれてくるが、これらが実現するためには学習が必要であると説く。ある学者は個人差は生得的なものであるとするが、多くは、極端な場合を除いては、道徳的・知的能力について生得的なものはほとんど同じであり、個人差の多くは環境条件の差から生ずると考えていた。しかし、これは受動的なとらえ方ではなく、子どもの自発的な学習能力を認めていた。貝原は子どもは多くを模倣を通して学び、小さいとき身につけた習慣は後に大きな影響力を持つようになると述べている。

子育ての目標は階級や男女による差はあったが、基本的には人の和を重んじ、分に相応して仕事に励む人間を育てることが強調された。こうした儒学的価値体系が考え方の基本にはあったが、育児の実践面では日本独自のとらえ方がみられる。山鹿素行は発達に即した自然な養育の重要性を説いたし、香月牛山は過保護な養育を迎える一方、幼児に対する大人の働きかけ、語りかけの重要性を指摘している。貝原は小児は善悪の判断ができず、見るものを何でも模倣するから、良い手本（モデル）を選んで示すことが大切であるという。山鹿も今日いわれている同一視について論じており、親を尊敬する子は親にならおうとするが、親もできないことを子に強いるのは無理であると説いている。

十六世紀に来日した宣教師ルイス・フロイスが賞賛したように、当時の日本では厳しすぎ、あまやかしすぎの養育を避け、自然で穏やかな育て方が唱道されていた。脇坂義堂は誉めることの意義を積極的に認め、悪い行いに対する体罰を避け、良い行いを誉めるべきだと主張した。

小嶋は、日本人の育児思想は単に育児の方法というよりも親と子の相互的・互恵的人間関係の育成を目ざしたものであり、子どもを甘やかさず、厳しい修業を課すことも人生の試練を克服させるための親の配慮の表われであったと結んだ。

この研究に対し、バンデューラ教授は近世の日本の学者たちの人間性に関する考え方が社会的学習理論の考え方に近いものであったことに非常な感銘を受けたとされ、子どもの持つ能力の可能性と可塑性に対する理解と、これを育てる社会的相互作用を重視する点で多くの類似性がみられることを指摘した。

相違点についてはどうかという問いに対しては、条件が整えば子どもの能力は自然に育っていくという個人的決定論に対して、社会的学習理論では親や社会との相互作用やモデリングを通して、能力が形成されていく過程をより強調する点を挙げた。

参加者からは、山鹿における同一視の考え方、発達研究における歴史的文献による研究法、社会階層による児童観の違いなどについて質問があり、この研究の徴徴や問題点についての議論が展開した。

小嶋は山鹿素行における同一視の考え方は、子どもの年齢は特定していないが、今日の発達心理学における考え方と同じものであるとした。研究方法については、当時の関連した文献資料をできるかぎり集め、できるだけ特定の枠組みを持たずに自由に読み、これより基本的に共通した見方を引き出していくという歴史学的研究法が用いられたとの説明があった。また、ここで用いられた文献は当時の学者や識者たちの育児に関する勧告や奨励であって、実際に育児が庶民の中でどのように行われていたかを示すものではないが、当時の人々の高い読書能力を考えれば、その影響力は大きかったと考えられると述べた。

小嶋の発表は従来の発達研究に歴史的パースペクティブを加えることにより、日本の育児思想の中に社会的学習理論の考え方やモデリングの考え方がすでにみられることを指摘したもので、参加者からも多くの関心を集めた。

内堀の研究(5)は「ボルネオにおける育児に関する人類学的考察」と題し、北ボルネオ・サラワクの首狩族として知られたイバン族の育児についての報告がなされた。内堀は「人間の攻撃行動は他の社会的行動と同じく、刺激・強化・認知的制御の下にあって学習された行為である」というバンデューラ教授のことばを引用し、イバンが首狩りの伝統をいかに子どもたちに伝えてきたかをイバンとの直接の生活体験を通して明らかにした。

百年ほど前、英国統治になってからイバンの首狩りは公には禁止されたが、第二次大戦のころまで各地で散発的に行われていた。今日では首狩りは実際にはほとんど行われていないが、首狩りの思想はなおイバンの生活の中に深く根づいているという。イバンは子どもをよく世話しかわいがり、子どもを大人の活動から特に排除することはないので、子どもは大人の活動の参加観察者として育ち、モデリングを通して多くを学習する。首狩りの思想も言語的扇動や教示とこうした行為に対する動機を高めるような社会的学習環境によって伝承された。

親は子どもを育てながら、敵によって殺された親類縁者の仇を討たなければならないことを、生まれたときから口癖のように繰り返し聞かせる。この親の願いは、今日の教育ママが子どもによく勉強して一流の大学に入ってくれと願うのと同じだという。また、首を切り仇を討つという行為は、大人たちの宗教的儀礼の中では崇高な道徳的価値さえ持つようになった。彼らの長屋式住居の廊下には黒ずんだ敵の頭骨が吊ってあり、首狩りの思想を日常生活の中に具現化している。敵を殺した勇者はラジャ・ベラニと呼ばれ、祭礼の際には特別な地位にあり、人々から崇められる。神秘的儀礼の中で高揚した大人たちをモデルとして、子どもたちは自然と首狩りの思想を体得していくのだという。

イバンの生活を写した迫力のあるスライドを示しながら、内堀は首狩りという異常な風習が社会的学習として部族の中で伝承されていった過程を鮮明に提示した。

内堀の研究に対しバンデューラ教授は、こうした人間の社会的行動、攻撃性などに関する人類学的研究には常に敬意を持って傾聴してきたが、この発表からは人間が超自然的な存在やその力を信ずることが、いかに大きな影響を人間の社会的行動に与えるかについて学んだといわれ、非常な関心を寄せられた。また、こうした点については、心理学者は人類学者の研究から多くを学ばなければならないとされた。

たとえば、天罰に対する恐れのように、肉体的苦痛や病気や死についての経験と人間の行為の精神的位置づけの間には超自然的な存在が媒体として働き、人間の行動を個人的・社会的に制御していることが指摘された。

内堀もイバン族の生活には非常に霊的なものの支配が強く感じられると述べた。子どもも霊的存在を信じているが、「霊はどこにいるか」と尋ねると、天井に吊ってある頭骨を指すという。大人になると、霊の存在は川や森や山の奥へと次第に視界から遠く、近づきがたいところに離れていくが、霊の力はむしろ一層強く感じられるようになる。これに対する不安と恐れは首狩りの思想にもつながっている。近年、政府が上流にダム建設を計画したとき、イバンはその生贄として再び多くの首が狩られるのではないかと非常に恐れたという。

実際に敵を襲い首を切るという殺戮の技能については、イバンは特に組織的な学習の形態を持っているわけではない。しかし、幼いときから動物を捕まえ、これを解体するという経験は、首狩りへの代理的学習となっていたのではないかという。首狩りの風習が絶えて久しいイバン社会の中にも、こうした社会的学習の基盤は消えてはいない。

イバンの社会は子どもを大人の社会から切り離すことなく、自由に参加観察をさせ、また特定の方向に強化を与えながら、自然で効果的な学習環境を設定することによって、確実にその文化を次の世代に伝えてきたのである。この点は今日の教育の課題にも深い示唆を与えるものであった。

(2) 教育評価と社会的学習理論

藤田の研究[2]は「評価の関数としての学業成績」と題し、学業成績が学年間で高い相関を持って安定していることが示され、評価の関数として学業成績が固定化してくる過程が論じられた。小学校の六年間、および、小・中学校九年間の国語・算数（数学）・社会・理科の四教科の学年成績の合計点をいくつかの同じ集団について追跡すると、一年おきでは、すべて〇・九以上、中学二年と三年では〇・九五に近い相関係数が得られ、一番低い場合の小学一年と中学三年の成績でも〇・七五という高い値が得られた。教科別にみると、国語・算数・理科・社会のほうが音楽・美術・体育といった教科よりも高い安定性を示した。しかし男子では、体育が音楽に対して高い安定性を示し、女子ではその逆であった。

九年間の学業成績を因子分析してみると、学年が進むにつれて成績と高い結びつきを持つ因子（高学年因子）、低い学年ほど成績と高い相関を示す因子（低学年因子）と、小学校五・六年で学業成績と最も高い相関を示す因子（中学年因子）が抽出された。十一歳前後のところで、この三つの因子が学業と同じ程度の相関（因子負荷量）を持ち、学業成績が最も複合的な構造を示す。このことは、ピアジェのいう具体的操作期から形式的操作期に移行する過渡期の学力構造の変化に対応するものとして注目した。

また早生まれと遅生まれの学業成績の差が示された。月齢の高い遅生まれの児童は早生まれの子よりも成績がよく、この差は学年が進んでもなかなか縮まらないことが明らかにされた。つまり、初期に生じた差が大きいほど、その差は固定される傾向があることが示された。

長期にわたる学業成績の安定性を保持する要因として、相対評価の枠組み、学力の構造、評価のフィードバックとしての学習条件の強化・抑制などが検討されたが、学習とその評価の交互作用の中で学業成績が高い学年間の相関を保ちつつ安定していく過程が主要な論点として提示された。

藤田の研究に対し、学業成績が長期にわたって高い安定性を示すことにバンデューラ教授も強い関心を持ち、こうした安定性を実現していく過程に評価の問題が基本的にかかわっているという考え方も支持した。また、評価が子どもたちの自己効力（self-efficacy）にどのように影響して、学業を促進させ、また、制御していくかという視点からも研究していく必要を指摘した。

グループが小さく保守的であるほど、そこに属する子どもたちの評価も固定的になりやすいことを、藤田は僻地の小学校を例にして説明した。「志を立てて郷関を出ず」という昔からの立志出世のパターンも、自分を受け入れてくれる社会の新しい評価を求めての旅立ちであった。しかし、アメリカのような流動的な社会では、人々はこのような制約からは比較的自由であるという。

成績の安定性・変動性に関しては発達段階や教師の期待効果、学習の初期における成果の不確定性なども検討されるべきである。特に低学年の時期に評価の判定的機能を強化すると、子どもの能力の発達を阻害する場合も生じてくることが指摘された。

社会的側面については子ども同士の仲間評価や、子どもと大人の評価の違いやその相互作用の検討が挙げられた。子どもはほかの子の学力や成績に強い関心を持っており、その中で自分自身を相対的に位置づけている。このことは大人の社会的評価のシステムをモデルとしており、子どもがどういう親、社会、仲間の下で育つかによって子どもの成長の仕方は著しく変化する。つまり、どのような評価社会を選び、また創造していくかが、子どもの能力を伸ばす基盤となるというのである。

(3) フィールドにおける学習と社会的学習理論

伊藤の研究[1]は「沼地における児童の自発的学習活動の中にみる自然的・社会的・個人的要因の相互作用——三年間の縦断的研究——」と題し、六名の小学生を二年生のときから五年生まで三年間、同じ沼地に連れていって、自由に野外学習をさせた研究が報告された。六〇回に及ぶ沼での活動は子どもたちが毎回携帯した小型のテープレコーダーに録音され、これから作成された一四〇〇頁に及ぶ言語行動記録から多くの分析が行われた。沼地での子どもたちの活動をスライドによって映し、それに対応するデータを提示しながらの発表であった。

子どもたちの発話に出てくる生物の種類や頻度を集計してみると、子どもたちの関心が自然の変化に対応して変わっていくのがみられる。たとえば、沼のカエルの活動と言語記録の中に出現するカエルは正の相関を持って増減する。池に自生するヒシという水草についても同様であった。このようにして、多くの生物の動きと子どもの関心が言語活動を通してとらえられた。動植物の名前の出現頻度には性差があり、男子は、動物が多く、女子は植物が多かった。実際、男子のほうが動物に多く興味を示したし、女子は植物に対する関心のほうが高かった。また、同じ活動をしている子どものグループ内では、動物名頻度の個人間の相関は高いが、活動を異にするグループ間では各人の発する動物名頻度の相関は低下した。このことからも、子どもたちがグループのコミュニケーションを通して生物に親しみ、生物の名前を覚えていく過程が明らかにされた。沼の周囲に生えていたマコモについての学習についても同様な分析がなされ、子どもの経験と知識との接点において学習が成立していく過程が示された。

自然との相互作用の中で経験し、学んだことが、確実な人間の知識となっていくためにはそれに関するコミュニケーションの基盤がなければならない。言語記録より子どもたちの発話の推移を調べ、特定の観察活動の中でのコミュニケーションの構造を図示することによって、情報の流れに関する各人の役割が論じられた。

この研究は野外における子どもたちの自然発生的学習を追いながら、自然・社会・個人の三者の間に働く相互決定過程の検討を試みたもので、バンデューラ教授の唱える相互決定主義を採用して、自然的要因と社会的要因がその相互作用として個人とそのグループの学習にどのような影響を及ぼすかを論じている。この点において伊藤の研究は今後の教育研究に新しい視点を開くものであった。

バンデューラ教授は、長期にわたる縦断的フィールド研究が行われたこと、また、膨大な活動記録のデータが自然的・社会的交互作用の中で分析され、自然的状況の下での子どもたちの学習の実態が解明されていったことについて、深い関心と賛意を寄せた。従来行われてきた単純ではあるが非現実的な実験室での実験的研究と、複雑ではあるが現実の自然状況における参加・観察によるフィールド研究を対比し、両者の関連を深めていく必要を強調した。

野外において児童が生物の名前を覚え、それによって生物に親しんでいく過程を言語記録から詳細に分析した点について、教授は特に関心を示した。発話や観察活動の頻度において男子の興味は動物のほうに多く、女子は植物のほうに多かった。幼稚園児に自由に生物の絵を描かせても、この性差がみられるといわれている。人類史的にみても、男は狩猟に女は植物の採取や栽培に専念してきたことにも関連があるのではないかという意見も参加者から出た。

この三年間の沼地での活動が児童にどのような影響を与えたかという質問に対しては、状況テストなどから子どもたちの自然に対する態度・関心が深まったこと、現象をいろいろな視点でとらえ、考えることができるようになったことが状況テストの結果からとらえられたと報告された。

本セミナーにおいては教育の諸問題を文化的・歴史的・人類学的な視点から広くとらえ、また、学習の評価や学習活動を自然状況においてとらえようとする新しい試みが検討された。いずれも教育の問題を、自然的・社会的環境因や個人的要因の相互作用の過程を踏まえて論究したものであり、バンデューラ教授の社会的学習理論に関連して充実した討論を展開することができた。

〔引用・参考文献〕　バンデューラ教授岐阜セミナーにおける発表論文（英文）

（1）Hideko Itoh. Reciprocal interactions between natural, social and personal determinants in children's spontaneous learning activities at a marsh: A three year longitudinal study.（伊藤秀子　沼地における児童の自発的学習活動の中にみる自然的・社会的・個人的要因の相互作用——三年間の縦断的研究——）

（2）Keiji Fujita. School achievement as a function of evaluation.（藤田恵璽　評価の関数としての学業成績）

（3）Hideo Kojima. Childrearing concepts in Japanese society from the mid-17th to mid-19th century.（小嶋秀夫　十七世紀中期より十九世紀中期における日本社会の育児観）

（4）Hiroaki Ohnogi. Modeling attitudes in Japanese folktales and traditional arts.（大野木裕明　日本の昔話および伝統的な

芸道におけるモデリング態度）

（5） Motomitsu Uchibori. Anthropological notes on childrearing in Boreno.（内堀基光　ボルネオにおける育児に関する人類学的考察）

あとがき

本書は昭和五十七年七月七日から七月二十二日までの間、来日し滞在したスタンフォード大学教授アルバート・バンデューラ博士の公演を中心に、最近の社会的学習理論の展望と、わが国の研究の現状を紹介したものである。

アメリカにおける社会的学習理論の隆盛と、わが国におけるこの分野の研究の発展とにかんがみ、この理論の創始者であるバンデューラ教授と同夫人を招へいし、親しく接することによってわが国における社会的学習理論の普及と研究の発展を図ろうという企画が立てられたのは昭和五十五年のことであった。しかし、バンデューラ教授の都合により、昭和五十六年の来日が不可能となり、翌五十七年の来日となった。

この招へいを実りあるものとするために、わが国における社会的学習理論の研究にたずさわっている者たちによって、バンデューラ教授招へい準備委員会が組織された。委員長は広島大学教授祐宗省三氏、副委員長は筑波大学教授原野広太郎氏と東京女子大学教授柏木惠子氏であり、事務局として筆者と東京家政学院大学教授重久剛氏がその任に当った。

滞在中のスケジュールは、京都大学主催の日本心理学会第四十六回大会での特別講演を中心に、日本各地で社会的学習に関する専門家を集めて、研究討論を行うということで計画された。スケジュールの概要は、まず七月九日と七月十日に、広島市の白島会館にて西部地区の研究者を集めて、バンデューラ教授の「観察学習」についての講演と、日本人研究者による「観察学習とモデリング」と題する研究発表が行われた。次いで、七月十三日に京都市の国立京都国際会館にて開催された、日本心理学会第四十六回大会において、「社会的学習理論における因果関係のモデル」と題するバンデューラ教授の特別講演が行われた。会館一階のD室の会場は聴衆であふれ、場外で聞く人たちがいるという盛況であった。次に、岐阜に移り、七月十六日に岐阜大学教育学部にて、中部地区の研究者を集めて、バンデューラ教授の「相互決定主義」の講演が行われ、日本人研究者たちにより、「社会的学習と教育」という表題のもとで、発表と討論が行われた。そして、最後に東京に移り、七月十九日に関東地区の研究者を集めて、六本木国際文化会館にてバンデューラ教授の「セルフ・エフィカシーの探究」と題する講演と「社会的学習理論の実験的、臨床的研究」と題する日本人研究者の発表と討論が行われた。各地区のセミナーにはいずれも多数の参加者があり、バンデューラ教授の講演に対する質問やまた研究発表に対するバンデューラ教授のコメントなどが活発になされ、盛況であった。これらの詳しいスケジュールとプログラムは巻末に収録されている。

このような過密なスケジュールの合間にも、バンデューラ教授夫妻は各地で観光も楽しんだ。広島では市内および宮島、京都では修学院離宮をはじめ市内各寺院、および奈良の各寺院、岐阜では鵜飼、東京では都内と鎌倉、日光、それに歌舞伎鑑賞と盛り沢山であった。セミナーやこのような観光の間に接して得たバンデューラ教授に対する一致した印象は、学問に対する熱意と自信であり、温和で度量の大きな人柄の方だということであった。夫人も控え目で、ユーモアのある方であった。ご夫妻に接した者は皆親しみを感じたものであった。

このような企画を実現させるためには、多数の方々と多数の機関のご協力を賜わった。招へいの主目的は、日本の心理学界にバンデューラ理論を広く知ってもらうことにあったが、これは、京都大学の本吉良治教授のご理解によって実現することができたのであった。また招へいに関する資金については、日本学術振興会と日本心理学会国際交流基金のご援助を得た。これに不足分は各機関および個人の方のご援助に頼ったのであるが、以下にご芳名を列記させていただくことにする（順不同）。日本心理学会第四十六回大会準備委員会、早稲田大学、多山報恩会、金子書房、ソニー㈱会社、富士写真フィルム㈱会社、マネージメント・サービスセンター、川島書店、竹井機器工業㈱会社、ダイヤモンド社、北大路書房、実務教育出版、協同出版、サイエンス社、東大出版会、本明寛氏、平井久氏、景山由己久氏。以上の諸機関、企業、および個人の方々のご協力に対して、衷心より感謝の意を表する次第である。

この事業の運営については、準備委員会の委員一同が一丸となって当たったのであり、その結果、所期の目的を十分達することができたといえる。ここにそのすべてのお名前を列挙することができないのは残念であるが、そのご努力に対して敬意を表し、かつ感謝申し上げる次第である。

最後に、本書をまとめるにあたって、ご執筆いただいた準備委員の方々、および出版をお引き受けいただいた金子書房社長・金子誠司氏と編集の労をとられた、元編集長・菊池正美氏並びに田中康照氏に対して謝意を表する次第である。

春木　豊

●編者・執筆者・訳者一覧●

祐宗省三	広島大学	
原野広太郎	筑波大学	
柏木惠子	東京女子大学	
春木豊	早稲田大学	
玉瀬耕治	奈良教育大学	(第Ⅰ部・[1], [2])
福島脩美	東京学芸大学	(第Ⅰ部・[3], [4])
坂野雄二	千葉大学	(第Ⅰ部・[5])
アルバート・バンデューラ	スタンフォード大学	(第Ⅱ部・[1]～[4])
重久剛	東京家政学院大学	(第Ⅱ部・[1], [3]〈訳〉)
大元誠	広島大学	(第Ⅱ部・[2]〈訳〉)
伊藤秀子	岐阜大学	(第Ⅱ部・[4]〈共訳〉)
大野木裕明	椙山女学園大学	(第Ⅱ部・[4]〈共訳〉)
金子龍太郎	広島乳児院	(第Ⅲ部・[1])
加藤元繁	筑波大学	(第Ⅲ部・[2])
藤田恵璽	放送教育開発センター	(第Ⅲ部・[3])

(所属は1985年当時)

Tokyo Seminar (III)

Monday, July 19

Chairperson: K. Harano (Tsukuba Univ.)
Co-chairperson: B. Egawa (Tokyo Inst. Electrical Eng.)

9:10	Opening address H. Motoaki (Waseda Univ.)
9:20	On self-efficacy. A. Bandura
10:40	Discussion
12:00	Lunch

Chairperson: Y. Haruki (Waseda Univ.)
Co-chairperson: O. Fukushima (Tokyo Gakugei Univ.)

13:30	Opening address K. Uchiyama (Tsukuba Univ.)
13:40	Effects of covert and overt modeling in reducing avoidance behavior of the blind. M. Kato, M. Sasaki (Tsukuba Univ.), and O. Fukushima (Tokyo Gakugei Univ.)
14:10	The role of self-instructional procedures upon the modification of fear responses. Y. Sakano (Chiba Univ.), and K. Uchiyama (Tsukuba Univ.)
14:40	Two experiments on generalized imitation paradigm: The effect on succeeding "observational learning" and the effect of two models demonstration. A. Mochizuki, and M. Sato (Keio Univ.)
15:10	Intermission
15:30	Developmental studies of alien reinforcement. K. Nedate, T. Shigehisa, K. Sasaki, R. Ogawa, S. Inoue, and Y. Haruki (Waseda Univ.)
16:00	Effects of intrinsic reinforcement on the game behavior of children. S. Yamaguchi (Jikei Univ.), K. Harano, and T. Sawazaki (Tsukuba Univ.)
16:30 〜 17:00	Overall Discussion
18:00 〜 20:00	Reception

Gihu Seminar (II)

Friday, July 16

Chairperson: H. Itoh (Gihu Univ.)

10:00 Greetings M. Ishihara (Gifu Univ.)
Introduction participants

10:30 Modeling attitudes in Japanese folktales and traditional arts. H. Ohnogi (Sugiyama Women's Coll.)

11:00 Childrearing concepts in Japanese society from the mid-17th to mid-19th century. H. Kojima (Nagoya Univ.)

11:30 Anthropological notes on childrearing in Borneo. M. Uchibori (Gifu Univ.)

12:00 Lunch

Chairperson: K. Fujita (Gifu Univ.)

13:30 School achievement as a function of evaluation. K. Fujita (Gifu Univ.)

14:00 Reciprocal interactions between natural, social and personal determinants in children's spontaneous learning activities at a marsh: A three year longitudinal study. H. Itoh (Gifu Univ.)

14:30 General comment A. Bandura

14:45 Intermission

15:15 On reciprocal determinism. A. Bandura

15:45 ～ 16:30 Discussion and free talk

17:00 ～ 19:00 Reception

Kyoto JPA Plenary Lecture

Tuesday, July 13

Chairperson: S. Sukemune (Hiroshima Univ.)
Interpreter: T. Shigehisa (Waseda Univ.)

16:15	Opening address	R. Motoyoshi (Kyoto Univ.) S. Sukemune (Hiroshima Univ.)
16:25 〜 18:00	Perspectives on social learning theory	A. Bandura

Hiroshima Seminar (Ib)

Saturday, July 10

Chairperson: S. Ishii (Hiroshima Univ.)
Co-chairperson: J. Nakazawa (Chiba Univ.)

9:00	Informational and motivational functions of vicarious reinforcement. K. Hiraoka (Hirosaki Univ.), and M. Ishida (Osaka Univ. of Education)
9:30	The effects of motivation and vicarious reinforcement on acquisition and performance of modeling behavior. H. Mochidome, M. Yokoyama, and T. Tanaka (Fukuoka Univ. of Education)
10:00	Effect of preschooler's stereotype and pretraining on acquisition and performance of observational learning. K. Atohama (Osaka City Univ.)
10:30	Intermission
11:00	Effects of sociometrically selected mutual choice and rejection peer models on children's observational learning. J. Nakazawa (Chiba Univ.), and K. Atohama (Osaka City Univ.)
11:30	Helping behavior through modeling in preschool children. S. Sukemune (Hiroshima Univ.) K. Dohno (Yasuda Women's Junior Coll.), and M. Matsuzaki (Beppu Univ. Junior Coll.)
12:00	Children's prosocial behavior and modeling. M. Matsuzaki (Beppu Univ. Junior Coll.), S. Sukemune (Hiroshima Univ.), and K. Dohno (Yasuda Women's Junior Coll.)
12:30	Lunch

Chairperson: H. Mochidome (Fukuoka Univ. of Education)
Co-chairperson: M. Matsuzaki (Beppu Univ. Junior Coll.)

13:30	The effects of verbal reinforcement combinations on children's moral judgments under the direct, vicarious, and double reinforcement situations. K. Tamase (Nara Univ. of Education)
14:00	Effects of vicarious partial reinforcement on children's observational learning. K. Maeda (Ehime Univ.), T. Kakazu (Univ. of the Ryukyus), H. Imashioya (Hyogo Univ. of Teacher Education), and S. Sukemune (Hiroshima Univ.)

17:30 Comparing learning by performing with learning by observing in problem solving behavior. M. Okimoto (Nagasaki Woman's Junior Coll.), H. Yoshioka, M. Miyazaki, Y. Murata (Nagasaki Univ.), S. Yamaguchi (Okayama Univ.), and S. Hirai (Hiroshima Univ.)

18:00 Effects of direction of conditioning and maturity level on children's moral judgment. S. Hirai (Hiroshima Univ.), Y. Ishibashi (Asahikawa Welfare School), and N. Nakagawa (Iwakuni Junior Coll.)

18:30 Assessing the influence of vicarious self-and external-reinforcement criterion on the modification of self-reinforcement criterion in observational learning. T. Hirakawa (Kagoshima Univ.)

19:00
〜 Reception
21:00

Hiroshima Seminar (Ia)

Friday, July 9

Chairperson: A. Inouye (Hyogo Univ. of Teacher Education)
Co-chairperson: K. Dohno (Yasuda Women's Junior Coll.)

9:00 Opening address S. Sukemune (Hiroshima Univ.) Greetings A. Bandura

9:30 Role of symbolic representation in children's observational learning. S. Ishii, S. Sukemune (Hiroshima Univ.), and J. Nakazawa (Chiba Univ.)

10:00 The developmental effect of modeling on delayed preference behavior. A. Inouye (Hyogo Univ. of Teacher Education), Y. Sato (Miyazaki Women's Junior Coll.), and S. Sato (Miyazaki Univ.)

10:30 Intermission

11:00 Effects of motivation on observational learning. K. Dohno (Yasuda Women's Junior Coll.), and Y. Ishibashi (Asahikawa Welfare School)

11:30 Sex differences in multiple peer modeling of selective responses among preschoolers. N. Nakagawa (Iwakuni Junior Coll.), S. Sukemune (Hiroshima Univ.), and M. Matsushita (Teikyo Univ.)

12:00 Effects of experience of failure and observation of model behavior on modification of cognitive style. A. Yamasaki (Shiga Univ.), and S. Sukemune (Hiroshima Univ.)

12:30 Lunch

13:30 On observational learning A. Bandura

14:30 Discussion S. Sato (Miyazaki Univ.)
M. Ohmoto (Hiroshima Univ.)
R. Kaneko (Hiroshima Univ.)

Chairperson: S. Sukemune (Hiroshima Univ.)
Co-chairperson: N. Nakagawa (Iwakuni Junior Coll.)

15:30 Developmental difference in vicarious reinforcement effect. S. Sato (Miyazaki Univ.), and Y. Sato (Miyazaki Woman's Junior Coll.)

15:50 On professor Bandura's social learning theory: From the viewpoint of Behavior Analysis. M. Ohmoto (Hiroshima Univ.)

16:10 Influence of developmental level on conservation modeling. R. Kaneko (Hiroshima Univ.), and A. Tanaka (Hijiyama Woman's Junior Coll.)

16:30 Intermission

Chairperson: S. Hirai (Hiroshima Univ.)
Co-chairperson: S. Sato (Miyazaki Univ.)

17:00 Effects of pretraining on preschool children's observational learning. A. Tanaka (Hijiyama Womon's Junior Coll.), H. Inokuchi (Asahikawa Women's Junior Coll.), K. Tasaki (Yamaguchi Junior Coll.), and S. Sukemune (Hiroshima Univ.)

Schedule

§1 Hiroshima Seminar (Ia)(Ib)

July 9th (F.) & 10th (Sa.), 1982
At Hakushima Kaikan, Hiroshima

"On observational learning" by Professor A. Bandura.
"Observational learning and modeling" by Japanese participants.

§2 Kyoto JPA Plenary Lecture

July 13th (Tu.), 1982
At Kyoto International Conference Hall, Kyoto

"Perspectives on social learning theory" by Professor A. Bandura.

§3 Gifu Seminar (II)

July 16th (F.), 1982
At Gifu University, Gifu

"On reciprocal determinism" by Professor A. Bandura.
"Social learning and education" by Japanese participants.

§4 Tokyo Seminar (III)

July 19th (M.), 1982
At International House of Japan, Tokyo

"On self-efficacy" by Professor A. Bandura.
"Experimental and clinical approaches to social learning theory" by Japanese participants.

PROGRAM

Professor Bandura's Seminar On "Social Learning Theory" in Japan

July 7-22, 1982
Hiroshima, Kyoto, Gifu, Tokyo

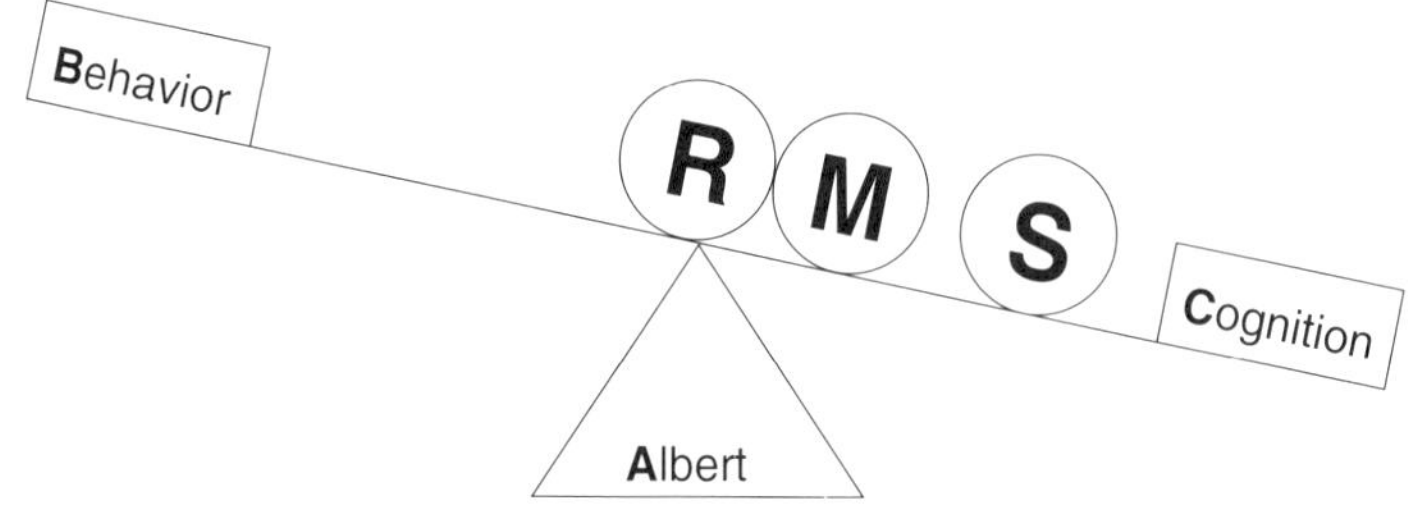

Behavior's OK, Cognition's OK and Albert's OK!
Are they? Aren't they?

Under the auspices of
Committee on Professor Bandura's Seminar in Japan

な 行

は 行

ま 行

や 行

ら 行

さ 行

〈す・せ〉

〈そ〉

た 行

事項索引

あ 行

か 行

〈き・く〉

〈け〉

〈こ〉

マ 行

ヤ 行

ラ 行

ワ 行

人名索引

ア 行

カ 行

サ 行

タ 行

ナ 行

ハ 行

新装版 社会的学習理論の新展開

1985年7月1日　初版第1刷発行　　検印省略
2019年12月24日　新装版第1刷発行
2022年12月20日　新装版第3刷発行

編　者　　祐宗省三・原野広太郎・柏木惠子・春木　豊
発行者　　金子紀子
発行所　株式会社　金子書房
〒112-0012　東京都文京区大塚3-3-7
TEL　03-3941-0111(代)　FAX　03-3941-0113
振替　00180-9-103376
URL　https://www.kanekoshobo.co.jp
印刷／藤原印刷株式会社
製本／一色製本株式会社

ISBN978-4-7608-2675-9　C3011